행복한
증여
상속

다툼은
줄이고

자산은
늘리는

행복한

증여
상속

김성철 지음

증여 상속 전문
공인회계사가 함께하는
후회 없는 자산관리

지식너머

사람들은 돈을 많이 벌고 사회적으로도 높은 지위에 오르기 위해서 참 열심히 삽니다. 그리고 그렇게 한평생 모은 부와 지위를 자녀에게 물려주려고 애씁니다. 왜 그렇게 살아야 하는지는 깊이 고민하지 않습니다. 다들 그렇게 사니까 자신도 그렇게 삽니다.

돈이 행복의 필수요건인 것은 맞습니다. 어느 정도 돈은 있어야 먹고 사니까요. 돈 없으면 당장의 끼니 걱정도 해야 되고 삶의 불안감이 커집니다. 돈이 많으면 당연히 좋겠지요. 남들보다 좋은 집, 좋은 차, 해외여행도 가고 좋은 점이 참 많습니다. 그런데 그렇다고 모두 행복할까요?

한 미국인 사업가가 멕시코의 작은 바닷가 마을로 휴가를 가게 되었다. 그리고 그곳에서 작은 배를 타고 들어오는 어부를 보게 된다. 큰 물고기가 배에 가득했는데 그걸 본 사업가가 선한 인상의 어부에게 물어본다.

"이것들을 잡는 데 얼마나 걸렸어요?"

"많이 안 걸렸소."

"바다에 더 머물며 일한다면 더 많은 물고기를 잡아올 수 있겠군요. 그러면 돈을 많이 벌 수 있지 않을까요?"

"이 정도면 충분하오. 가족들 먹고 남은 것들은 친구들도 나눠주고."

"남는 시간에는 무엇을 하십니까?"

"낮잠도 자고, 아이들과도 놀고, 아내가 하는 일도 도와주오. 저녁에는 마을을 어슬렁거리다 친구들을 만나서 포도주도 한잔하고 기타도 치고 그러고 보낸다오."

이 말을 듣고 미국인 사업가가 웃으며 말한다.

"저는 하버드 MBA 출신입니다. 아저씨가 부자가 될 수 있게 도와드릴 수 있습니다. 아저씨가 잡은 물고기를 보다 많은 사람에게 팔면 그 돈으로 더 큰 배를 구입할 수 있겠지요. 큰 배로 더 많은 물고기를 잡아서 통조림 회사를 세우는 겁니다. 그리고 생산, 가공, 유통까지 모든 과정을 총괄하는 회사로 키우면 멕시코 전 지역은 물론 전 세계로 수출도 할 수 있습니다."

"음… 그렇게 하는 데 얼마나 걸리겠소?"

"한 15년에서 20년 정도면 됩니다."

"그럼 그 다음에는 어떻게 하오?"

그러자 사업가가 자신감 넘치는 표정으로 답한다.

"가장 중요한 부분이죠. 주식을 상장하고 엄청난 부자가 되는 겁니다. 수백만 달러를 손에 거머쥘 수 있어요."

"수백만 달러? 그럼 그 다음에는 뭘 하고?"

신이 난 사업가가 계속 말을 이어간다.

"은퇴하고 작은 바닷가 마을에 집을 지은 다음 낮잠도 자고, 가족들과 놀고, 포도주도 한잔하고 기타도 치고 뭐 그러고 보내는 거죠."

이 말을 들은 어부가 웃으며 답한다.

"지금 내가 그렇게 살고 있지 않소."

사람들은 누구나 행복해지고 싶어합니다. 그런데 그 행복이 의미하는 바는 사람마다 다릅니다. 행복이란 돈을 많이 버는 것, 높은 지위에 오르는 것, 건강하게 사는 것이라고 생각하는 사람이 많지만 사실 이런 것들은 행복의 본질이 아니라 조건입니다. 행복의 사전적 의미를 보면 '생활에서 기쁨과 만족감을 느껴 흐뭇한 상태'라고 되어 있습니다.

하지만 행복의 조건과 행복의 본질을 혼동하는 경우가 많습니다. 부자라고 항상 '기쁨과 만족감을 느껴 흐뭇한 상태'에 있지는 않습니다. 높은 지위에 올라도 '기쁨과 만족감'을 느끼는 순간은 잠깐입니다.

이야기 속의 어부는 지금 행복합니다. 현재 생활에서 '기쁨과 만족감'을 충분히 느끼고 있으니까요. 그러나 사업가는 어부가 행복하다고 생각하지 않습니다. 수백만 달러를 벌 수 있는데 저렇게 '허송세월'을 보내고 있으니 한심해 보이기까지 합니다. 사업가에게는 돈이라는 행복의 조건이 행복 자체가 되어버린 상황이죠.

우리나라 사람들은 힘들게 번 돈을 자신을 위해 쓰기보다 모으는 데 치중합니다. 저는 회계사 및 세무사로 일하면서 자신의 세대에 자산을 일구어 자녀들에게 물려주는 게 인생 목표인 분들을 많이 만났습니다. 존경스러운 한편, 그것이 행복을 위한 바른 길인지 의문이 들기도 합니다. 그렇게 아끼며 모은 돈이 행복의 씨앗이 되기는커녕 다툼의 원인이 되는 경우를 너무도 일상적으로 보기 때문입니다. 상속재산으로 인한 분쟁은 뉴스에 등장하는 재벌가의 수천억 규모 재산 싸움부터, 우리 이웃의 몇 천만 원 유산 다툼까지 실로 다양하지만 그 끝은 대체로 가장 소중한 사람들과의 반목, 이별입니다.

그래서 주는 사람과 받는 사람이 함께, 상호 협의를 통해 미리 준비하는 것이 무엇보다 중요합니다. "내 돈이니 내 마음대로 하겠다"는 일방적인 통보나 "나 죽고 나면 너희들이 알아서 해라"라는 방임은 분쟁의 원인이 됩니다. 부모의 입장에서야 적든 많든 받으면 좋지 않겠냐 생각할 수 있지만 자식들 사이에서 그것은 정당한 분배의 문제입니다. 법으로 정해진 상속 시스템에 대한 이해와 상호 협의가 없다면 불만이 생길 수밖에 없습니다. 또한 꼭 부모 사후에 이루어져야 하는 일도 아닙니다. 요즘 절세 방법으로 많이 거론되는 증여를 통해 분배할 수도 있습니다. 증여는 최대한 일찍 준비하고 장기간에 걸쳐 이루어지는 것이 효율적인데 부모님들 중에는 재산을 다 넘겨주고 나면 자식들이 자신에게 소홀해지진 않을까 걱정하는 분들도 계십니다. 증여와 상속의 효율적인 진행에 앞서 관계와 행복을 다시 생각해야 하는 이유입니다. 법적으로 해결하려 하면 분쟁이 되지만 상호 협의를 통하면 부모와 자식이 함께 행복해질 수 있는 유용한 자산 활용 플랜이 됩니다.

사실 상속 분쟁을 방지하는 것은 일반적인 가정에서 더 중요한데, 법정 분쟁까지 가게 될 경우 고액의 소송 비용으로 인해 그야말로 승자 없는 전쟁이 되는 경우가 많기 때문입니다. 세율이 높아 막상 상속을 받고 되는대로 세금을 납부하고 나니 분배할 자산이 너무 적어 허탈해지는 일도 많습니다. 상속이란 한 가정이 평생 모은 재산의 이동인데 의외로 소홀하게 다루어지고 있습니다.

상속과 증여는 부자들만의 문제가 아닙니다. 상속도 결국 분배이므로 많건 적건 분배해야 될 상속재산은 누구나 있습니다. 부동산 가격 상승으로 인해 상속세 대상자도 급격하게 늘어나고 있습니다. 부모 중 한 분이 먼저 사망하게 될 때는 상속재산이 대략 10억 원이 넘으면 상속세 납부대상이 되며, 부모 중 한 분 사망시 배우자가 없는 상태라면 5억 원만 넘어도 상속세 과세대상입니다. 서울의 경우 아파트 한 채만 있어도 상속세 부과대상이 된다는 이야기입니다.

세대간의 협의와 제도에 대한 바른 이해를 통해 미리 준비해서 시기와 대상을 적절히 배분한다면 가족의 화목도 지키고 절세도 할 수 있습니다. 또한 상속재산 기준 상속세 납부대상자가 아니라도 절세효과를 볼 수 있습니다. 실질적인 납부세액이 없어도 상속세 신고를 해두면 나중에 양도소득세 절세효과가 생기는 경우도 있기 때문입니다.

상속과 증여는 가족 자산의 효율적인 운영인 동시에 다음 세대에 행복한 삶의 토대를 만들어주는 일입니다. 이 책이 그 과정에 조금이나마 도움이 될 수 있길 바라는 마음입니다.

Contents

프롤로그   004

Chapter 01
상속에 대한 이해

돈과 행복에 대한 생각   016

나 죽거든 내 재산은 너희들이 알아서 해라?   021
유산을 둘러싼 최후통첩 게임

아버지가 유언 없이 돌아가셨는데 재산 어떻게 나눠요?   027
민법상 상속재산 분할

형은 이미 많이 받았잖아   039
미리 받은 재산(특별수익)의 처리

아버지 사업 키우는 데 내 힘이 컸으니 그 만큼은 더 챙겨줘   044
기여상속분의 산정

아버지가 나한테 한푼도 안 준다 유언했어도   050
법적으로 내 몫이 있다고!
유류분 반환청구

Chapter 02

상속세에 대한 이해와
절세하는 상속

아버지가 돌아가셨어요.   058
상속세 신고는 어떻게 해야 하나요?
상속세의 구조와 특징

보험금 받았는데 상속세 내야 돼요?   071
상속세 과세대상이 되는 상속재산

보험으로 상속세를 줄일 수 있다고요?   078
보험을 활용한 절세 및 납부재원 마련

시세 10억 상가, 상속 재산 평가는 7억?   084
상속재산의 평가

금괴로 바꿔 몰래 주면 나라(국세청)에서 어떻게 알겠어   092
추정상속재산과 용도 불분명 금액

죽기 전에 애들 다 주고 가면 상속세는 안 내겠지   098
상속인에게 10년 이내 사전증여한 재산의 합산

절세, 증여가 유리할까 상속이 유리할까?   106
사전증여재산 평가액과 상속세 절세

상속재산이 10억 넘는데 상속세가 없다고요?   118
상속공제를 활용한 상속세 절세전략

배우자 상속분엔 황금비율이 있다   125
배우자상속공제의 활용

500억 상속받는데 세금이 하나도 없다고요?   132
가업상속공제의 요건과 공제한도

상속세가 너무 많이 나와서 한 번에 도저히 못 내겠어요   139
분납, 물납, 연부연납

상속세 두 번 내느니 손자에게 다 줘야지   146
세대생략상속

외국에 사시는 아버지가 돌아가셨어요   152
거주자, 비거주자의 상속세

Chapter 03

증여세에 대한 이해와
절세하는 증여

아들한테 통장 만들어주는데 증여세를 내야 돼요?   158
증여세의 구조와 특징

9년 전 준 1억과 지금 주는 1억, 증여세도 같겠지?   171
증여세 10년 합산과세

자넨 사위가 아니라 아들이야   178
분산증여를 통한 절세 전략

손자에게 증여하면 세금이 할증된다고요?   183
증여세 세대생략 할증

아파트, 증여하지 말고 아들에게 싸게 팔라고요?　　　188
저가양도로 증여하기

아내한테 증여했다가 땅 팔면 양도세가 확 줄어든다는데…　　　195
증여 후 양도를 통한 절세

10억 증여, 현금이 유리할까, 상가 사서 주는 게 유리할까?　　　201
자산별 평가기준 차이에 따른 절세전략과 부담부증여

아버지 저 창업 할래요. 창업자금 지원 좀 해주세요　　　212
창업자금 과세특례제도

아들아! 이제 내 사업 이어받아야지　　　220
가업승계 증여세 과세특례 제도

Chapter 04

상속 / 증여 플랜

상속 준비 A to Z　　　228
상속재산 규모별 상속 플랜　　　238

에필로그　　　262

Chapter 01

상속에 대한 이해

돈과 행복에 대한
생각

돈과 행복에 대한 생각은 사람마다 다릅니다. 돈이 행복하기 위한 여러 조건 중 하나가 될 수도 있고 돈이 행복 자체가 될 수도 있습니다. 여기 A와 B 두 사람이 있습니다.

A가 말합니다.

"자본주의 사회에서 돈으로 못 사는 것은 없어. 돈이면 다 돼."

B가 답합니다.

"세상엔 돈으로 살 수 없는 것도 있어. 돈이 많다고 행복한 것은 아니야."

어느 것이 정답이라고 말할 수는 없습니다. 돈이 없어서 삶을 포기하는 사람도 있는데 "돈이 많다고 행복한 것은 아니야"라니 공허하게 들리기도 합니다. 하지만 제가 여기서 말하고 싶은 것은 먹고 사는 것은 큰 걱정 없는 상태에서의 돈과 행복의 관계입니다.

그러면 과연 돈이 많으면 더 행복해질까요?

미국의 경제학자 리처드 이스털린 교수Richard Easterlin는 1946년부터 28년간 30개 국가의 행복을 연구한 결과를 논문으로 발표하였습니다. 논문의 내용은 부가 증가하면 행복지수도 일정 수준까지는 함께 오르지만 그 수준을 넘어서면 사회 전체의 행복지수는 부의 증가와 비례하지 않는다는 것입니다. 이를 이스털린의 역설Easterlin's Paradox이라고 합니다.

2019년 UN이 '국제 행복의 날' 발표한 보고서에서 가장 행복한 나라 순위를 보면, 세계에서 가장 잘사는 나라로 꼽히는 미국은 조사대상 156개 국가 중에서 19위에 머물렀으며 경제 규모 세계 10위권인 우리나라는 54위였습니다. 행복지수 순위 상위권 나라에는 핀란드, 덴마크, 노르웨이 등 북유럽 국가들과 뉴질랜드 등이 자리 잡고 있습니다. 부가 행복에 영향을 미치는 것은 사실이지만 최상위권의 부를 가졌다고 해서 행복 순위까지 최상위권은 아니란 것을 알 수 있습니다. 이 보고서 이외에도, 기본적인 의식주가 보장되면 돈은 행복에 큰 영향을 끼치지 못한다는 사실은 여러 연구 결과를 통해 증명되고 있습니다.

아래는 중산층을 구별하는 기준에 대한 각 나라 국민의 생각들입니다. 이를 행복을 위한 조건이라고 이해해도 되겠습니다.

우리나라

· 아파트 평수 30평 이상 거주

· 월 급여 500만 원 이상

· 자동차는 중형차 이상 소유

· 예금잔고 1억 원 이상

· 해외여행 1년에 한 번 이상 다닐 것

영국

· 페어플레이를 할 것

· 자신의 주장과 신념을 가질 것

· 나만의 독선을 지니지 말 것

· 약자를 두둔하고 강자에 대응할 것

· 불의, 불평, 불법에 의연히 대처할 것

프랑스

· 외국어를 하나 정도 구사하여 폭넓은 세계 경험을 갖출 것

· 스포츠를 취미로 하고 악기를 하나 다룰 줄 알 것

· 자기만의 특별한 요리로 손님을 접대할 줄 알 것

· 사회봉사 단체에 참여하여 활동할 것

· 사회정의가 흔들릴 때 바로 잡기 위해 나설 줄 알 것

영국과 프랑스 사람들과 우리나라 사람들 의식의 가장 큰 차이는 남들과의 '비교'에 있습니다. 유럽 국가에서는 자신의 가치

관과 철학이 행복에 영향을 미친다면, 우리나라 사람들의 행복은 철저히 남과의 '비교'에서 나옵니다. 남들보다 더 많은 부를 가지고, 더 높은 사회적 지위에 오르는 것이 행복이라고 생각하고 이것이 삶의 목표가 되었습니다.

우리는 다른 사람들과의 좋은 관계인 '유대'를 유지하면서 타인과 '비교'를 통해 경쟁하게 되는 아이러니한 상황에서 살고 있습니다. 이런 모순적인 상황에서 행복한 사람들은 다른 사람들과의 좋은 관계를 더 중요하게 여기지만, 행복하지 않은 사람들은 물질적인 부를 추구하면서 남들과의 비교에 치중한다고 합니다. 물질적인 부에는 항상 비교가 따르고 이러한 비교는 결코 만족이 없으니 행복도 저 멀리 있을 수밖에 없습니다. '유대'를 통해, 인산의 가장 근본적인 문제인 외로움을 해결하지 않으면 행복은 다가오지 않습니다.

하버드 의대 교수 산지브 초프라Sanjiv Chopra는 '진리와 행복, 그리고 목적이 있는 삶'이란 주제로 한 TED 강연에서 행복이란 많이 '소유'하는 데서 오는 것이 아니라고 했습니다. 초프라 교수는 사람들을 지속적으로 행복하게 해주는 것으로 '가족과 친구', '용서', '나눔', '감사' 네 가지를 얘기하였는데 모두 사람들과의 좋은 관계인 '유대'와 연관된 것입니다.

물질적인 부보다 더 중요한 것은 사람들과의 유대라고 했습니다. 그중 가족과의 유대가 가장 중요하고 특별하겠지요. 가족 간의 유대가 깨지는 가장 큰 원인은 돈입니다. 특히 유산 상속으로 인해 법적인 소송까지 가는 일이 비일비재합니다. 상속재산이 크든 작든 이로 인한 다툼은 우리 주변에서도 자주 볼 수 있습니다. 가족의 연을 끊는 일까지 발생합니다. 물질적인 '비교'가 우리의 의식에 크게 자리잡고 있다 보니 발생하는 일입니다. 상속에 있어서도 먼저 가족의 중요성에 대해서 생각해보고, 행복을 위한 바른 철학을 가지는 것이 선행되어야 할 것입니다. 이것은 가족 모두가 같이 풀어나가야 할 과제입니다.

나 죽거든 내 재산은 너희들이 알아서 해라?

_유산을 둘러싼 최후통첩 게임

〈게임이론〉에 등장하는 여러 사례 중에 '최후통첩 게임'이란 것이 있습니다. 게임 방식은 간단합니다. 게임 참여자는 A와 B 두 사람이고 서로 모르는 사이입니다. 게임 설계자가 A에게 10만 원을 줍니다. A가 B와의 분배비율을 정하고 B는 수락 여부만 결정합니다. 둘의 협의 없이 각자 한 번의 결정으로 게임은 종료됩니다. 먼저 A가 10만 원 중 자신이 얼마를 가지고 B에게 나머지를 주겠다고 통보합니다. B가 수락하면 A가 결정한 금액 그대로 나누어 가지고, 거절하면 A, B 둘 다 돈은 못 가져가고 게임은 끝납니다.

게임이 시작됩니다.

· A가 3만 원, B는 7만 원

당연히 B는 수락합니다. A보다 훨씬 많이 가지는데 기분 좋게 수락입니다.

· A가 5만 원, B는 5만 원

반반이니 이것도 흔쾌히 수락합니다.

· A가 7만 원, B는 3만 원

음… B의 갈등이 시작됩니다. 난 3만 원인데 A가 7만 원? 배가 슬슬 아파 오면서 답이 늦어집니다.

만약 당신이 B라면 어디까지 수락하시겠습니까?

게임의 설계자가 많은 실험을 해본 결과 평균 25%인 2만 5천 원까지 수락한다고 합니다. A가 자신은 8만 원을 가지고 B에게 2만 원을 준다고 제의하면 B는 자신의 2만 원을 포기하면서 A도 받지 못하게 하는 결정을 한다는 얘기입니다.

여기서 경제학에서 정의하는 합리적인 인간은 없습니다. B의 입장에서는 2만 원이 아니라 천 원이라도 가지는 것이 경제적으로 합리적일 텐데 말입니다. B는 '차라리 한 푼도 안 가지고 말지 A가 나보다 훨씬 많은 돈 가져가는 꼴은 못 봐' 하면서 감정적인 결정을 하게 됩니다.

최후통첩 게임이 우리에게 시사하는 바는 결국 분배 문제입니다. 상대방과 나눠 가지는 것이니 상대방이 얼마 가지는지 생각하지 않을 수 없다는 것이지요. 그래서 자신에게 이익이 되는 방향으로 결정하는 경제적 계산에서 끝나는 것이 아니라 인간의 감정이 개입됩니다. 사업을 해도 동업을 하면 깨지는 이유가 이런 감정의 개입 때문입니다. 늘 자기가 손해 보는 기분이고 남이 가져가는 것이 더 커 보여서 그렇습니다.

인간의 불합리성이 제일 많이 보이는 것 중 하나가 상속으로 인한 분배입니다. 자녀들 입장에서 부모에게서 물려받는 돈은 최후통첩 게임에서처럼 공짜로 받는 돈입니다. 상속재산이 많아지면 '공짜로 받는 돈'은 커지지만 싸울 일도 더 많아집니다. 행복도 받는 금액에 따라 커질 것 같지만 절대 그렇지 않습니다.

인간은 경제학에서 말하는 것처럼 그렇게 합리적이지 않습니다. 남의 일에는 합리적이고 객관적일 수 있겠지만 자신이 개입된 일에는 자기중심적이고 감정적인 결정을 하게 됩니다. '사촌이 땅을 사면 배 아프다'라는 속담이 인간의 심리를 잘 표현하고 있습니다. 모두를 만족시키는 공정한 분배라는 것은 결코 없습니다.

상속으로 인한 분배의 구체적인 사례를 들어보겠습니다.

아버지가 돌아가시면서 경수 씨에게 30억을 상속해줬습니다. 조그만 사업을 꾸려나가고 있던 경수 씨에게 앞으로 아등바등 일을 안 해도 될 만큼의 돈이 생겼습니다. 조그마한 빌딩을 하나 사서 임대료만 받아도 가족들 생활할 정도의 수입은 생기니 말입니다.

공짜로 30억을 받는 경수 씨는 행복할 거라는 생각이 듭니다 (물론 아버지가 돌아가신 슬픔이야 크겠지만 여기선 상속 위주로만 생각하겠습니다).

그런데 알고 보니 경수 씨의 동생은 아버지의 유언으로 70억을 상속받았습니다.

처음에는 30억이 마냥 기쁘기만 하더니 이내 동생이 받은 70억이 종양처럼 머릿속에 파고듭니다. 아버지에게 동생보다 덜 사랑받았나 하는 아쉬움에서 시작되어 생각하면 할수록 점점 화가 나고 억울함이 생깁니다.

'동생한테 더 달라고 해야지. 안 준다면 소송할거야!' 경수 씨는 이렇게 결심을 합니다. 이제는 더 이상 행복하지도 않고 동생의 얼굴만 떠올려도 울화가 치밉니다.

이런 예시가 극단적이고 특별한 상황이 아닙니다. 상속이나 증여에서 크고 작은 다툼은 늘 생깁니다. 같은 금액을 받아도 다툼이 생기는데 분배된 금액의 차이가 크면 소송으로 가는 경우가 허다합니다. 이렇게 상속은 분배의 문제입니다. 솔로몬이 살아 돌아와도 모두를 만족시키는 분배에 대한 해법은 못 내놓을 겁니다.

상속분배는 부모가 상속인들에게 나누어주거나, 또는 상속인들 스스로 나누는 것입니다. 부모 입장에서는 '내 재산이니 내 마음대로 하겠다'고 생각을 하겠지만 부모 마음과는 다르게 일방적이고 한쪽에 치우친 부의 분배는 늘 다툼을 일으키기 마련입니다.

'나 죽거든 내 재산은 너희들이 알아서 해라'고 하는 부모들도 많습니다. 그런데 대부분 알아서 못 합니다. 부모가 나서서 조정자 역할을 해야 일이 진행되고 분쟁의 소지도 줄어듭니다.

자신이 평생 쓸 돈을 뛰어넘는 부가 생기면 행복할 수 있는 여지는 많습니다. 하지만 돈에만 가치를 부여하여 결국 불행의 길로 빠지게 되는 상황을 뉴스에서, 주변에서 많이 접합니다. 30억 위에 70억이 있고 그 위에 100억이 있고 1,000억도 있기에 결코 만족은 없습니다. 돈의 많고 적음이 상대적이듯이, 행복도 비교에서 나오는 상대적인 개념입니다. 상속인 사이에 분쟁도 절대 금액이 아니라 비교에서 발생한다고 하였습니다. 돈에 대한 생각, 행복에 대한 가치관을 먼저 정립할 필요가 있습니다. 상속과 증여의 목표는 '가족의 유대'라는 근원적인 토양 위에 공정한 분배가 이루어지도록 설정하여야 합니다.

상속인들이 재산분배를 하고 난 다음 문제는 '세금'입니다. 부모가 자녀들에게 부를 이전하는 방법으로 사망과 함께 이루어지는 상속이 있고, 살아 있을 때 주는 증여가 있습니다. 상속과 증여도 무상으로 재산을 이전 받는 것이니 세금이 따릅니다. 세금 측면에서 보면 언제(증여 시기 또는 사망시), 무엇(현금, 주식, 부동산, 기타 재산)을 누구에게 얼마나(분배금액) 주느냐에 따라 세금 액수가 달라집니다. 가족들이 사전에 계획을 세워서 준비를 하면 합법적으로 절세할 수 있지만 상황이 발생하고 나면 절세의 방법은 사실상 거의 없다고 보셔야 합니다. 미리 계획하고 준비해서 상속인들 서로가 따뜻한 가슴으로 재산 분배에서는 '다툼'이 없게 하고, 냉철한 머리로 지혜롭게 '절세'도 해야 하겠습니다.

아버지가 유언 없이 돌아가셨는데 재산 어떻게 나눠요?

_민법상 상속재산 분할

영호 씨의 아버지는 대기업에 납품하는 전자기기 부품업을 운영하면서 제법 재산을 모았다. 노년에 들어서는 사업을 접고 그동안 벌어놓은 돈을 부동산과 예금으로 갖고 있다. 대기업 부장인 영호 씨는 아내와 딸과 함께 강남의 한 아파트에 살고 있고 영호 씨의 남동생 영수 씨는 직장생활에 적응을 하지 못하여 사업을 하려 준비 중이다. 막내 여동생 영미 씨는 대학생으로 이제 갓 성년이 되었다. 그러던 중 영호 씨의 아버지가 갑자기 심장마비로 돌아가셨다. 장례 절차를 다 마치고 슬픔을 추스르고 있는데 영호 씨의 어머니가 조심스럽게 상속 얘기를 한다. 상속에 대해서는 아무런 준비도 하지 않았는데 갑작스런 상황에 난감하기만 하다. 아버지의 재산은 모두 45억 원으로 상속재산이 꽤 되니 상속세도 신고 납부해야 하지만 그 전에 상속인들끼리 누가 얼마를 받으며 상속재산을 나눌지 결정해야 한다. 모두 모여서 얘기하기 전에 각자 생각해본다.

영호 씨는

'내가 장남이니 많이 받는 게 당연해. 하지만 영수 이 놈이 보통 놈이 아닌데 내 말을 들을까?'

영수 씨는

'형은 직업도 든든하고 강남에 아파트도 있으니 형편이 변변찮은 내가 많이 받아야 사회정의 차원에서 공평한 거야. 그동안 형이 아버지의 사랑을 많이 받았으니 못 받은 사랑 이번엔 받아야지!'

영호 씨의 어머니는

'막내딸 영미가 결혼도 안하고 엄마랑 오래오래 산다고 하니 얼마나 이뻐. 애들 아빠가 남긴 집은 내 명의로 하고, 영미는 대학 졸업 때까지 돈 많이 들어가니 영미 몫으로 현금도 좀 있어야겠어.'

그러는 중 영호 씨의 삼촌이 뜬금없이 찾아와서 한마디 한다.

"형님 사업하는데 내가 월급도 제대로 못 받고 많이 도와 줬으니 나도 지분이 있다는 거 알아줬으면 해요."

부모님의 죽음은 참 슬픈 일이지요. 그런데 그 슬픔도 잠시, 저런 상황들이 참 많이 일어납니다.

'형님 먼저 아우 먼저'했던 옛이야기 속 형제처럼 서로 양보하면 좋겠지만 현실에서 그런 일은 보기가 힘듭니다. 상속재산을 분할할 때 유언이 있다면 유언에 따르면 됩니다. 하지만 유언이 없는 경우라면 상속인들 전원이 협의를 하여야 하는데 모두가 자기 중심으로 생각하니 위와 같은 상황이 벌어질 수밖에 없지요. 모두를 만족시키는 공평한 분배는 없다고 하였습니다. 그래서 이럴 때는 기준이 되는 규칙, 즉 법을 따를 수 밖에 없겠지요. 가족간에 협의를 하더라도 기준을 법에 두고 하는 겁니다. 민법에 규정이 되어 있으니 민법을 한번 보겠습니다. 우선 상속인이 누가 되는지를 알아야 합니다.

사망한 사람을 '피상속인'이라고 하고 재산을 물려받을 사람을 '상속인'이라고 하는데, 민법상 상속순위는 다음과 같습니다.

상속순위	상속인	비 고
1순위	피상속인의 배우자와 직계비속 (자녀, 손자·손녀 등)	자녀가 사망한 경우 손자·손녀가 대습상속
2순위	피상속인의 배우자와 직계존속 (부모, 조부모 등)	직계비속이 없는 경우
3순위	피상속인의 형제자매	1,2순위가 없는 경우
4순위	피상속인의 4촌 이내의 방계혈족	1,2,3순위가 없는 경우

배우자는 1순위와 2순위의 상속인이 있을 때 이들과 같은 순위로 상속인이 됩니다. 자녀들이 있으면 자녀들과 같이 상속인이 되고 자녀들이 없으면 피상속인의 부모와 동 순위가 되는 것입니다. 1순위와 2순위의 상속인이 없다면 배우자 단독으로 상속인이 됩니다.

1순위와 2순위의 상속인이 없고 배우자가 없다면 3순위와 4순위로 내려가게 됩니다.

상위 순위의 상속인이 있으면 아래 순위의 사람은 상속인이 되지 않습니다. 1순위인 자녀들이 있다면 2순위인 피상속인의 직계존속, 즉 부모들은 상속권이 없는 것이지요. 자녀가 먼저 사망해서 손자들만 있다면 직계비속인 손자들이 1순위로서 상속인이 됩니다. 동 순위에 여러 명이 있는 경우는 공동상속인이 됩니다.

영호 씨 가족의 경우 상속인은 누가 될까요?

영호 씨의 가족은 1순위 상속인이 있는 경우입니다. 피상속인의 자녀가 있으므로 영호 씨, 남동생 영수 씨, 여동생 영미 씨 그리고 동 순위로 영호 씨의 어머니가 상속인이 됩니다. 영호 씨의 자녀들은 영호 씨가 상속인이 되므로 상속인이 되지 않고 영호 씨의 삼촌은 3순위로서 순위가 낮아 상속권이 없습니다. 그리고 나중에 영호 씨 어머니가 사망하게 되면 역시 직계비속인 영호 씨, 영호 씨의 남동생, 여동생 세 명이 상속인이 됩니다. 이처럼 피상속인의 배우자와 자녀가 상속을 받고, 이후 배우자가 사망했을 때 자녀들이 다시 상속받는 것이 가장 일반적인 경우입니다. 영호 씨의 사례로 1순위인 직계비속과 배우자가 있는 경우를 봤는데요, 그 다음 상속순위에 대해서도 이해하기 쉽게 사례를 들어서 살펴보겠습니다.

> 미영 씨는 30대 중반의 주부이다. 아직 애가 없어서 걱정이지만 성실하고 정이 많은 남편 덕에 행복한 나날을 보내고 있었다. 그러던 어느 날 청천벽력 같은 전화가 왔다. 남편이 퇴근길에 음주운전 차량에 치어 운명을 달리했다는 소식이었다. 너무나 큰 슬픔에 몸도 못 가눌 정도로 충격이 크다. 장례를 치르고 얼마 후 남편 재산을 정리해본다. 사고보험금과 남편이 다니던 회사의 퇴직금, 집 전세금까지 합하니 모두 5억 정도의 재산이 된다. 미영 씨는 일을 그만두고 가정주부로만 생활해와서 당장 취업할 길도 막막했는데 그 돈이면 아르바이트 정도 하면서 먹고 살 수는 있겠다 생각했다. 그런데 남편을 잃은 슬픔이 채 가시기도 전에 남편의 형이 찾아왔다. 이런 저런 인사말과 함께 조심스레 말을 꺼낸다.
> "제수 씨. 동생 재산 우리 부모님한테도 몫이 있는 것은 아시죠?"
> 미영 씨는 말문이 턱 막혔다. 자신과 결혼한 남편의 재산이 왜 남편의 부모님한테까지 가야 하는지 이해가 안 된다. 아주버님이 잘못 알고 얘기했을 거라고 믿고 싶다. 과

미영 씨에게는 안된 얘기지만 미영 씨 남편의 부모도 상속인이 되는 것이 맞습니다. 1순위 직계비속이 없는 경우에는 직계존속이 상속인이 됩니다. 미영 씨와 남편은 자녀가 없기 때문에 남편의 부모와 미영 씨가 같은 2순위로서 상속인이 됩니다. 보험금도 수익자가 미영 씨로 특정이 되어 있지 않다면 상속재산이 되어 민법상 상속순위 그대로 적용합니다. 남편의 형은 그 재산이 자신의 부모한테 가면 나중에 부모님이 돌아가실 때 자신이 상속인이 되기 때문에 나선 겁니다. 미영 씨한테는 안타깝지만 그대로 따라야 합니다.

그런데 만약 미영 씨가 임신 중이라면 어떻게 될까요? 애기가 엄마 뱃속에 있으니 법적으로 출생신고가 안 되어 있어 아직은 직계비속이 없는 것 같지만, 민법의 상속 규정으로는 태아도 직계비속으로서 상속인의 자격이 있습니다. 이 경우에는 미영 씨와 태어날 아기에게로 전액 상속재산이 돌아가게 됩니다.

미혼인 경우, 불의의 사고로 사망할 시 부모가 상속인이 됩니다. 자녀도 없고 배우자도 없으니까 2순위 상속인인 아버지와 어머니가 상속인이 되는 거지요.

사망자에게 사실혼 관계의 배우자가 있다고 해도 상속권은 없습니다. 사실혼 관계의 배우자는 상속인으로 인정이 안 되고 혼인신고가 되어 있어야 법적으로 배우자로 인정을 받습니다.

상미 씨는 한국과 미국을 오가면서 의류사업을 하였다. 평생 사업을 하면서 100억 넘는 재산을 모았지만 결혼에는 뜻이 없어 예순이 넘은 현재도 싱글이다. 결혼 생각이 없어 죽으면 자기 재산은 모두 기부할 거라는 말만 입버릇처럼 하였는데, 그러던 중 상미 씨가 불의의 사고로 사망하였다. 가족으로, 상미 씨의 부모는 모두 사망하고 오빠와 여동생만 있다. 상미 씨의 사망 후 그 많은 재산은 어떻게 될까?

피상속인이 미혼이고 부모가 사망한 후라면 민법상 상속순위에 따라 3순위나 4순위가 상속인이 됩니다. 따라서 3순위인 상미 씨의 오빠와 여동생이 공동상속인입니다. 상미 씨가 기부의 내용을 특정하여 유언으로 남긴 것이 아니니, 상속재산 전액에 대하여 3순위인 오빠와 여동생에게 상속권이 있습니다. 오빠와 여동생도 사망한 경우라면 4순위인 조카들이 상속인이 됩니다.

상속권은 물 흐르는 것으로 생각하면 이해가 쉽습니다. 위에서 아래로 흐르다가 아래가 막혀 있으면 다시 위로 차오릅니다. 그리고 위까지 다 차오르면 옆으로 흐르겠죠. 자녀들이 상속인이 되고, 자녀가 없으면 손자녀, 증손자녀로 아래로 가게 됩니다. 자녀, 손자녀 등 직계비속이 없으면 직계존속인 부모에게로 갑니다. 그리고 부모도 없다면 형제자매에게로, 형제자매도 없다면 3촌 관계인 삼촌과 조카로 가게 되고 삼촌과 조카도 없다면 4촌

에까지 흘러갑니다.

만약에 부모가 죽고 여러 자녀들 중 한 명이 먼저 사망했다면 대습상속으로서 죽은 자녀의 배우자와 직계비속이 상속인으로서 동등한 자격이 있습니다.

지금까지 상속인과 상속순위에 대해서 알아봤습니다. 이번에는 상속재산 분할 방법에 대해서 알아보겠습니다. 상속재산 분할 시 제일 우선 적용되는 것은 피상속인의 유언입니다. "아버지의 유언에 따라…" 또는 "아버지의 유지를 받들어…" 드라마에서 많이 들어본 대사입니다. 그런데 현실에서는 유언을 남기는 사람은 그렇게 많지 않습니다. 유언을 남길 만큼 상속재산이 많지 않아 그럴 수도 있고, 우리 정서상 재산이 있더라도 미리 상속 얘기를 꺼내기가 어렵기도 하고요. 유언을 남긴다고 해도 법적 요건에 맞지 않아 유언 자체가 무효인 경우도 많습니다.

유언이 없을 경우에는 상속인들 전원이 협의를 해야 하는데 협의 자체가 잘 되지 않는 경우가 적지 않습니다. 그래서 상속재산 분할에 대한 협의도 앞에서 설명한 상속인 순위와 같이 민법에 근거해서 하게 됩니다. 만약 소송을 진행하게 되면 민법 규정을 따를 테니 애초에 민법에 맞춰서 협의를 하는 것이지요.

앞선 영호 씨의 사례를 가지고 상속재산 분할에 대해서 알아보겠습니다.

상속인은 영호 씨의 어머니, 영호 씨, 영호 씨의 남동생과 여동생 모두 네 명이라고 하였습니다. 민법상 상속분배 비율은 각 순위 공동상속인의 상속분은 동일하고 피상속인의 배우자는 50% 가산합니다. 영호 씨 네처럼 상속인이 피상속인의 배우자와 자녀 셋인 경우 1.5:1:1:1의 비율로 분배합니다. 피상속인의 배우자가 1.5/4.5, 자녀 셋이 1/4.5로 분배를 받습니다. 9억이라면 민법상 상속받을 금액은 배우자가 3억, 자녀 셋이 각각 2억씩이 됩니다.

나중에 홀로 된 배우자가 사망할 때는 자녀들에게만 상속이 되니까 상속인들이 동일한 지분으로 상속받습니다. 다시 말해 영호 씨 어머니의 상속 때는 상속재산을 자녀 셋이 1:1:1로 1/3씩 배분받는 것이지요. 예전에는 자녀들의 민법상 분배비율이 달랐습니다. 장남이 1.5, 차남이 1, 결혼한 딸은 0.25의 비율이었지요. 당연히 아들 딸 차별하냐는 반발이 거셌고 그래서 민법상 분배비율이 바뀌었습니다.

비용분배든 수익분배든 분배 방법 중 가장 손쉬운 게 똑같이 나누는 것입니다. 소위 말하는 N분의 1이지요. 모임에서도 계산할 때 애매하면 N분의 1입니다. 혼자 3인분을 먹는 덩치도, 다이어트 중인 사람도 똑같이 냅니다. N분의 1분배가 제일 공평하다고 할 수는 없지만 그나마 반발이 가장 적은 방법입니다. 상속재산 분배에 있어서도 이렇게 N분의 1이 등장했습니다. 1991년 1월 1일부터 아들이든 딸이든, 결혼했든 안 했든, 자녀들은 동일한 분배비율로 분배를 받게 민법이 바뀐 겁니다. 똑같이 나누는 것도 결코 분배의 공정한 답이 될 수는 없습니다. 앞의 영호 씨

형제들처럼 자기들이 많이 받아야 될 이유를 들어보면 다 일리가 있습니다.

영호 씨 – 집안 행사를 많이 챙겨야 하는 장남이니 상속재산을 많이 가져야 한다.

영호 씨 동생 – 많이 가진 사람이 덜 가지고 적게 가진 사람이 많이 가지는 것이 맞다.

영호 씨 어머니와 막내딸 – 지금까지 아버지의 재산으로 쓴 돈이 적으니 앞으로 지출을 생각해서 많이 가져야 한다.

누구의 생각이 정답이라고 말하기 어렵습니다. 분배에 관해서는 애초에 정답이 없으니까요. 누군가 양보를 하지 않는다면 아마 끝까지 결론이 나지 않을 겁니다. 물론 자신은 양보라고 생각하지만 다른 사람의 관점에서 보면 양보가 아니겠지요. 그래서 자녀들끼리는 N분의 1을 원칙으로 하게 되었습니다.

여기서는 민법상 상속분배비율로 배우자와 자녀 셋이 1.5:1:1:1로써 분배했을 때 각자의 상속재산 분배금액을 보겠습니다.

상속인	분배비율(1.5:1:1:1)	분배받을 재산(45억)
배우자	1.5/4.5(= 3/9)	45억 × 3/9 = 15억
영호 씨	1/4.5(= 2/9)	45억 × 2/9 = 10억
영수 씨	1/4.5(= 2/9)	45억 × 2/9 = 10억
영미 씨	1/4.5(= 2/9)	45억 × 2/9 = 10억

상속재산이 45억이면 배우자가 15억, 세 자녀가 10억씩 가지게 됩니다. 민법의 상속재산 분배비율대로 배우자가 자녀 몫보다 50% 더 가지게 되었습니다. 배우자가 있는 경우 자녀보다 50% 가산해서 받는 것이 중요 포인트가 되겠습니다. 그리고 나중에 홀로된 배우자가 사망할 때는 자녀들이 동등하게 분배하면 됩니다.

이번에는 자녀가 둘인 경우를 보겠습니다. 상속재산이 21억, 상속인은 피상속인의 배우자와 자녀 둘이라면 상속분배비율과 분배받을 재산은 다음과 같습니다.

상속인	분배비율(1.5:1:1)	분배받을 재산(21억)
배우자	1.5/3.5(= 3/7)	21억 × 3/7 = 9억
자녀1	1/3.5(= 2/7)	21억 × 2/7 = 6억
자녀2	1/3.5(= 2/7)	21억 × 2/7 = 6억

자녀가 하나인 경우라면 배우자와 자녀가 1.5:1로 각각 3/5와 2/5을 가지게 됩니다. 상속재산이 15억이라면 배우자가 9억 자녀가 6억이 되겠네요.

상속인	분배비율(1.5:1)	분배받을 재산(15억)
배우자	1.5/2.5(= 3/5)	15억 × 3/5 = 9억
자녀1	1/2.5(= 2/5)	15억 × 2/5 = 6억

이처럼 상속인들의 구성과 인원수에 따라 상속재산의 분배비

율은 정확히 계산되지만 현실 속에서의 상속재산은 케익 자르듯이 '칼같이' 나눌 수는 없습니다. 약간의 차이는 발생할 수 있고 또한 협의 과정에서 법정비율보다 더 많이 받을 수도 있고 적게 받을 수도 있습니다. 민법상 법정상속비율을 참고로 하되 상속재산 분배 과정에서 지혜롭게 협의가 잘 이루어져야겠습니다.

형은 이미
많이 받았잖아

_미리 받은 재산(특별수익)의 처리

지금까지는 기본적인 상속재산 분배에 대해서 알아봤습니다. 사전증여 없이 상속 시점의 상속재산만 있다면 상속분배액을 계산하기가 쉽지만 사전증여를 한 경우에는 그렇게 간단하지가 않습니다. 아버지가 자녀에게 사업자금으로 돈을 주었거나 결혼할 때 아파트 구입자금을 주거나 하는 경우로 일반 가정에서도 많이 볼 수 있는 상황입니다. 다음은 사전증여를 한 상황에 대해서 알아보겠습니다.

영호 씨의 사례에서 상속재산을 민법에 따라 형제들끼리는 균등하게 나누기로 합의가 되어가려는 순간, 갑자기 영호 씨의 남동생이 얘기를 꺼냅니다.

"형은 아버지한테 20년 전에 1억짜리 땅을 받았잖아. 지금은 공시지가만 9억이니 그건 상속재산을 미리 받은 것으로 쳐야지!"

갑자기 합의가 꼬이기 시작한다. 무려 20년 전에 받은 땅인데 상속재산을 미리 받은 것으로 계산해야 한다고 하니 영호 씨는 갑자기 뒷골이 당긴다.

"그 땅 받은 게 언제인데 상속재산으로 친다는 거야, 그게 말이 돼?"

미리 받은 것으로 영호 씨가 인정한다고 해도 얼마를 받은 것으로 해야 할지 헷갈린다. 받은 당시 평가액 1억으로 해야 할지 상속개시 시점 공시지가인 9억으로 해야 할지 판단이 안 선다. 1억으로 하면 좋겠지만 9억이라면 지금 상속재산에서 받는 몫이 확 줄어들 것 같아 영호 씨는 걱정이다.

민법상으로 상속인이 사전에 증여받은 재산은 상속재산을 미리 받은 것으로 하고, 평가액은 증여시점이 아닌 상속시점의 평가액으로 하게 되어 있습니다. 즉 영호 씨는 9억을 상속재산으로 미리 받은 것이 됩니다. 전체 상속재산도 45억이 아닌 9억을 합산한 54억이 되어 분배액을 계산합니다. 분배비율은 앞선 경우와 1.5:1:1:1로 동일하지만 영호 씨는 미리 받은 증여분을 차감해서 구체적인 상속분을 계산합니다.

상속인	법정상속분액 (54억)(a)	수증재산(b) (특별수익)	구체적인 상속분 (a - b)
배우자	54억 × 3/9 = 18억	-	18억
영호 씨	54억 × 2/9 = 12억	9억	3억
영수 씨	54억 × 2/9 = 12억	-	12억
영미 씨	54억 × 2/9 = 12억	-	12억
합계	54억	9억	45억

영호 씨의 실질 상속분이 동생들에 비해 대폭 줄어들었습니다. 동생들은 12억을 받는 데 자신은 사전증여받은 땅의 현재 평가액인 9억을 차감하여 3억만 받게 된 겁니다.

민법 제1008조는 "공동상속인 중에 피상속인으로부터 재산의 증여 또는 유증을 받은자(특별수익자)가 있는 경우에 그 수증재산이 자기의 상속분에 달하지 못한 때에는 그 부족한 부분의 한도에서 상속분이 있다"라고 규정하고 있습니다. 저 조문의 의미를 영호 씨의 사례로 설명하면 다음과 같습니다.

공동상속인 중에 피상속인으로부터 재산의 증여
또는 유증을 받은자(특별수익자)

피상속인은 영호 씨의 아버지를 말하며 재산의 증여를 받은 사람은 영호 씨입니다. 사전증여재산을 민법에서는 '특별수익'이라는 용어로 부르는데 여기서 특별수익을 받은 특별수익자는 영호 씨가 됩니다.

수증재산이 자기의 상속분에 달하지 못한 때

수증재산은 사전증여재산으로써 영호 씨가 받은 토지를 의미합니다. 평가액은 증여받을 당시가 아닌 현재 기준의 평가액 9억입니다. 자기의 상속분은 영호 씨의 법정상속분액인 12억을 말합니다. 영호 씨의 경우 수증재산(9억)이 자기의 법정상속분(12억)보다 3억 적습니다.

그 부족한 부분의 한도에서 상속분

수증재산이 자기의 법정상속분에 달하지 못한 경우 그 부족분(영호 씨의 경우 3억)이 상속으로 인한 구체적인 상속분이 됩니다. 영호 씨는 20년 전 받은 토지 때문에 막상 상속 때에는 분배액이 많이 줄어들었습니다. 이 사전증여재산(민법상 용어로 특별수익)은 상속재산 분할 합의를 하는 데 있어 자주 다툼의 원인이 됩니다. 사전증여를 받은 상속인은 과거에 받은 것이니 현재 상속과 상관없다고 생각할 테고 다른 상속인들은 상속재산을 미리 받은 것이니 차감하는 것이 맞다고 주장할 테니까요.

이처럼 민법에서는 사전증여재산도 상속재산에 합산하도록 하고 있지만 실제 적용하기에 애매한 경우가 많습니다. 미리 받은 재산의 범위도 다툼이 됩니다. 몇 백만 원씩 용돈 형태로 오랫동안 받았다면 그 돈도 사전증여재산으로 해야 하는지 의문이 듭니다.

상속 다툼으로 감정이 격해진 상속인이, 다른 상속인이 증여세 신고 없이 증여받은 재산에 대하여 세무서에 알리기도 합니다. 증여시기에 따라 감추어진 증여재산이 상속재산에 포함될 수도 있는데 상속세 부담이 증가하더라도 '자신이 부당하게 덜 받는 것'은 용납이 안 되는 거지요.

사전증여재산에 대해서 민법과 세법 상에 다른 것이 있습니다. 민법에서는 상속인에게 준 증여재산에 대해서는 증여한 시기에 상관없이 합산하고 평가액은 상속시 평가액으로 한다고 하였습니다. 영호 씨의 사례로 20년 전에 받은 1억짜리 토지를 현재 평가액인 9억으로 해서 상속재산에 합산하여 분배액을 계산하였습니다.

세법에서는 어떻게 할까요? 세법에서는 20년 전에 받은 증여재산은 상속재산에 합산하지 않습니다. 상속인에게 준 증여재산은 10년 이내, 상속인이 아닌 사람에게 준 증여재산은 5년 이내분만 합산합니다. 영호 씨의 경우에는 증여 후 상속개시까지 10년을 넘어섰기 때문에 증여재산을 상속재산에 포함하지 않습니다. '상속인이 아닌 사람'은 민법상 상속인이 아닌 사람을 의미합니다. 영호 씨는 1순위로서 상속인이지만 영호 씨의 부인과 자녀는 2순위로서 상속인이 아니겠지요. 영호 씨의 아버지가 6년 전에 상속인이 아닌 영호 씨의 부인과 자녀에게 1억씩 현금을 주었다면 상속세 계산에서는 제외됩니다. 물론 상속분배할 때는 영호 씨한테 준 경우와 마찬가지로 사전증여재산을 기간에 상관없이 합산하여 상속분액을 계산하고, 미리 증여받은 사람은 사전증여재산을 분배 몫에서 차감하는 것이 맞습니다.

아버지 사업 키우는 데 내 힘이 컸으니 그 만큼은 더 챙겨줘

_기여상속분의 산정

사전증여재산에 대한 합의 과정에서 남동생 영수 씨가 내민 민법상 특별수익이라는 비장의 카드로 전세가 불리해졌던 영호 씨가 며칠 후 나타나 갑자기 목소리를 높인다.

"나도 아는 변호사에게 상속에 대해서 물어봤어. 아버지 사업하실 때 내가 영업에 많은 도움을 줬으니 그 부분은 인정해줘야 된다고 하더라."

영호 씨의 반격에 영수 씨는 당황한다. 아버지가 사업할 때 영호 씨가 대기업에 판로를 뚫어 매출에 상당한 기여를 한 사실을 그도 잘 알고 있기 때문이다. 아버지가 사업으로 일군 재산에 영호 씨의 지분이 거의 절반 이상이라고 해도 될 정도다. 그것이 상속재산 분배에 영향을 미친

다니 영수 씨는 카운터펀치를 맞은 기분이다.

일단 "그건 그거고 이건 이거지" 하고 대꾸해보지만 목소리는 작아지고 만다. 법에 그렇다는데…

상속세 합의 과정에서 사전증여재산(특별수익)과 함께 제일 다툼이 많은 부분이 '기여분'입니다. 피상속인의 재산 형성 과정에 특별한 기여를 하였거나 피상속인을 특별히 부양하는 자가 있을 경우에는 법정상속분에 더하여 받을 수 있습니다.

민법 제1008조의 2 제1항에서 기여상속분의 산정은 피상속인이 상속개시 당시에 가지고 있던 재산의 가액에서 기여상속인의 기여분을 공제한 것을 상속재산으로 보고 상속분을 산정하며 이 산정된 상속분에다가 기여분을 더한 금액을 기여상속인의 상속분으로 한다고 규정하고 있습니다.

기여분을 주장할 수 있는 근거는 여러 가지가 있습니다. 재산의 유지 또는 증가에 특별히 기여하였다고 주장할 수도 있고, 가사와 병간호를 도맡았다는 이유를 들 수도 있겠지요. 부양과 병간호, 자녀 양육 등 단순히 가족으로서 할 수 있는 범위 내라면 기여분으로 인정받기 어렵습니다. 법률에 나와 있듯이 '특별한 기여'를 하여야 합니다. 또한 기여분은 상속인에게만 인정이 됩니다. 영호 씨의 사례에서 영호 씨 삼촌이 주장한 것처럼, 피상속인의 사업에 기여했다고 할지라도 애초에 상속인이 아닌 경우는 기여분이 인정되지 않습니다.

기여분은 상속인 전원의 협의 또는 가정법원의 심판으로 결정됩니다만 법원에서 결정하기 전에 상속인들이 협의를 하는 것이 좋습니다. 법적 소송으로 갈 경우 상속재산 분할청구가 먼저 진행된 후, 그 결과에 따라 기여분 결정 심판청구가 진행됩니다.

영호 씨의 경우에서 모든 상속인들의 협의로 아버지의 재산 중 5억을 기여분으로 인정했다고 가정해보겠습니다. 일단 사전 증여재산이 없을 때를 가정하고 기여분의 효과를 보겠습니다. 상속재산 45억에서 기여분 5억을 차감한 40억을 가지고 분배비율(1.5:1:1:1)에 따라 분배액을 구합니다. 그리고 영호 씨는 기여분 5억을 가산합니다.

상속인	법정 상속분액 (a)	기여분 (b)	구체적인 상속분 (a + b)	기여분과 특별수익을 고려하지 않을 때 분배받을 재산(45억)
배우자	40억 × 3/9 = 13.3억	-	13.3억	15억
영호 씨	40억 × 2/9 = 8.9억	5억	13.9억	10억
영수 씨	40억 × 2/9 = 8.9억		8.9억	10억
영미 씨	40억 × 2/9 = 8.9억		8.9억	10억
합계	40억	5억	45억	45억

기여분을 고려하지 않았을 때 분배받을 재산이 10억, 기여분 고려 시 13.9억으로 법정상속분액이 정확히 5억 증가하지는 않았습니다. 45억이 아닌 기여분 5억을 차감한 40억으로 법정상속분액을 구한 후에 기여분 5억을 더하니 그렇습니다. 하지만 기여분을 고려하였을 때의 실제 상속분을 보면 동생들은 8.9억, 영호 씨는 13.9억이니 영호 씨가 정확히 기여분 5억만큼 더 받는 것을 알 수 있습니다.

이번에는 특별수익(사전증여재산)과 기여분을 함께 고려하였을 때 영호 씨 가족의 배분액을 보겠습니다. 특별수익은 법정상속분액을 구할 때 상속재산가액에 가산하여 각 상속인별로 상속분액을 구한 후에 특별수익을 받은 사람이 차감한다고 하였습니다. 기여분은 상속재산가액에서 차감해서 각 상속인 별로 상속분액을 구하고 기여분을 받을 사람이 가산합니다. 그 두 가지를 합해서 구하면 아래와 같습니다. 사례에서는 영호 씨에게 특별수익과 기여분이 같이 발생합니다.

상속인	법정 상속분액 (a)	특별수익 (b)	기여분 (c)	구체적인 상속분 (a - b + c)
배우자	(45억 + 9억 - 5억) × 3/9 = 16.3억	-	-	16.3억
영호 씨	(45억 + 9억 - 5억) × 2/9 = 10.9억	9억	5억	6.9억
영수 씨	(45억 + 9억 - 5억) × 2/9 = 10.9억	-	-	10.9억
영미 씨	(45억 + 9억 - 5억) × 2/9 = 10.9억	-	-	10.9억
합계	49억	9억	5억	45억

영호 씨는 법정상속분액 10.9억에서 특별수익을 9억을 차감하고 기여분 5억을 가산합니다. 그에 따라 동생들보다 4억이 적은 6.9억으로 구체적 상속분이 계산됩니다.

이렇게 특별수익(사전증여재산)과 기여분의 반영이 이론상으론 명확하지만 현실에선 쉽게 협의가 되지 않습니다. 특별수익은 돈이 흘러간 흔적과 금액이 분명하지만 기여분은 각자 입장에 따라 생각의 차이가 클 수밖에 없으니 그렇습니다.

"아버지 재산 형성에 기여한 내가 그만큼 더 받아야지."
_피상속인의 재산 유지 또는 증가에 특별히 기여

"아프실 때 간병은 내가 다 했으니 그만큼 보상은 해줘."
_피상속인을 특별히 부양

어떤 가족에서든지 나올 수 있는 말들입니다. 하지만 법을 잘 알지 못하고 하는 일방적인 주장은 다툼의 원인이 됩니다. 특정 상속인의 기여분을 인정할지, 인정한다면 얼마로 할지 가족들이 충분한 얘기를 나누고 협의가 되어야 합니다. 위의 사례와 같이 기여분을 분리해서 계산하지는 않더라도, 상속재산을 분할받는 데 자신이 더 많이 받아야 될 주장의 근거로 사용하기도 합니다.

하지만 기여분에 대해서는 가족이 먼저 챙겨주지 않는 한 당사자가 먼저 주장하기가 쉽지 않습니다. 법적으로도 '특별히' 기여하지 않으면 인정받기 어려우니 조심스럽게 다뤄져야 할 부분입니다.

지금까지 유언이 없는 경우 상속인들 간 합의의 근거가 될 수 있는 민법 규정을 중심으로 상속재산의 분배에 대해서 알아보았습니다.

정리하면 일단 상속재산에 대한 분배는 피상속인의 유언이 원칙입니다. 유언이 없을 때에는 법정 상속인들이 협의를 해서 결정해야 됩니다. 민법상 상속비율은 상속인들은 각각 1:1 분배비율로 하고 배우자는 50% 가산합니다.

사전에 증여한 재산(특별수익)이 있을 경우에는 사전증여재산을 포함해서 법정상속분액을 구하고, 사전에 재산을 받은 사람은 증여받은 재산을 차감하여 구체적 상속분을 계산합니다.

기여분이 있을 때는 기여분을 차감한 잔액을 가지고 상속분액을 구하고, 기여한 상속인은 법정상속분액에 기여분을 가산한 상속분을 받습니다.

실제 사례에서는 상속재산의 협의가 원만히 이루어지지 않는 경우가 많습니다. 상속인들간에 다툼이 생겨서 가족의 연까지 끊는다는 말도 오갑니다. 제3자의 입장에서 보면 누가 옳고 누가 틀렸다고 말하기 어렵습니다. 개인적인 감정이 아닌 민법상 상속분배비율, 사전증여재산(특별수익), 기여분 등 기본적인 법적 지식을 충분히 인지하고 이를 바탕으로 협의가 이루어져야 합니다.

아버지가 나한테
한푼도 안 준다 유언했어도
법적으로 내 몫이 있다고!

_유류분 반환청구

철호 씨는 노환으로 인해 얼마 남지 않은 생을 정리하고 있다. 가족으로는 배우자와 아들 하나, 딸 하나가 있고 모두 21억의 재산이 있다. 철호 씨는 시집간 딸은 출가외인 이라는 옛날식 사고방식을 갖고 있어 딸에게는 증여하지 않고 9억 원의 아파트는 배우자 이름으로 이전해주었고, 9억 원의 상가는 아들에게 증여했다. 남은 재산은 3억 원의 예금인데 배우자, 아들, 딸이 1억씩 나눠가지라는 유언을 남기고 사망했다. 결국 딸은 21억의 재산 중 1억만 가지게 되었는데 서운함을 넘어 억울한 마음까지 생긴다. 상속재산 분할은 유언이 먼저라고 했으니, 딸은 예금 중 1억만 가지고 아무것도 할 수 없는 것일까?

철호 씨의 상속재산에 대한 상속인들의 법정상속분액은 다음과 같이 구해집니다. 앞서 알아본 사전증여재산(특별수익)이 있으므로 그에 따라 구체적 상속분액을 구하면 다음과 같이 구해집니다.

상속인	법정상속분액 (a)	사전증여재산	구체적 상속분액 (a - b)
배우자	21억 × 3/7 = 9억	9억	-
아들	21억 × 2/7 = 6억	9억	- 3억
딸	21억 × 2/7 = 6억	-	6억
합계	21억	18억	3억

배우자와 아들, 딸의 각각 법정상속분액(a)은 9억, 6억, 6억으로 구해집니다. 배우자와 아들은 사전에 증여받은 재산이 있으므로 이를 차감하니 아들은 오히려 미리 받은 재산에서 3억을 내어놔야 합니다. 딸은 법정상속분액이 6억이니 예금 3억 전액과 아들로부터 3억을 받아서 총 6억을 받는 것이 민법상 규정된 딸의 상속분액입니다. 그러나 유언이 우선하므로 일단은 1억만 받았습니다. 딸은 오빠에게 법적으로 자기 몫은 6억이라고 주장해봤지만 오빠는 아버지의 유언에 따라야 한다는 말만 반복합니다.

이럴 때 딸이 자신의 법정상속분에 대한 주장을 할 수 있는 장치가 유류분 제도입니다. 이 경우에 유류분 반환청구를 할 수 있어서 상속재산에 대해서 일정 비율은 확보할 수 있습니다. 현행 민법에서는 법정상속분액의 절반은 받을 수 있게 했습니다. 딸은 법정상속분액이 6억이므로 절반인 3억은 받을 수 있는 것입니다. 유류분 부족액 2억은 오빠가 내놔야 합니다.

상속인	구체적 상속분액	유류분 권리액	받은 상속재산	유류분 부족액
딸	21억 × 2/7 = 6억	6억 × 1/2 = 3억	1억	2억

유언이 법정 상속지분에 앞서긴 하지만 전액 다 피상속인의 의사대로 할 수는 없습니다. 사유재산제도가 인정되는 자본주의 사회에서는 원칙적으로 자기 재산은 자기가 자유롭게 처분할 수가 있습니다. 하지만 공정성을 위해 유산 중에서 유류분에 해당하는 재산은 법적으로 제한을 두고 있습니다.

"넌 지금부터 내 아들이 아니다. 죽어도 너한텐 십 원 한 장 줄 수 없어." 이런 말이 법적으로는 인정이 안 되는 겁니다. 민법상 법정 상속지분의 절반만큼은 상속인에게 그 권리가 인정됩니다. 위의 예시에서 딸은 법정 상속지분이 6억이므로, 유언으로 한 푼도 남기지 않았다고 하더라도 절반에 해당하는 3억은 받을 수 있습니다. 그래서 유언으로 받은 1억 예금에 더해 오빠로부터 2억은 반환받아야 됩니다.

개인재산 처분에 대한 자유도 인정해야 되지만, 재산을 형성하는 데 가족으로서의 기여한 부분과 재산의 공평한 분배를 위해서 유류분 제도를 두고 있습니다. 상속인은 상속재산에 대해서 최소한 일정한 비율을 확보할 권리를 가지는데 이를 유류분권이라고 합니다.

상속 재산이 100억이고 상속인으로서 두 아들만 있을 때, 아버지가 미운 아들에게 한 푼도 안 준다고 유언을 남기더라도 '미운 아들'도 법정 상속지분인 50억의 절반, 즉 25억에 대해서는 유류분권이 있습니다. 유류분에 해당하는 재산만큼 받지 못한다면 법원에 유류분 반환청구를 해서 받을 수 있습니다.

유류분을 가지는 사람은 피상속인의 직계비속, 배우자, 직계존속, 형제자매입니다. 상속순위 1위부터 3위까지 상속인이 되겠습니다. 직계비속과 배우자는 법정상속분의 1/2이고 직계존속과 형제자매는 1/3입니다. 앞서 상속인 순위에서 설명한 바와 마찬가지로 1순위인 직계비속이 있을 경우에는 2순위인 직계존속, 3순위인 형제자매 등 다음 순위의 사람들은 상속인이 되지 못하니 유류분권도 당연히 해당이 없겠지요. 동 순위자인 상속인끼리 유류분권을 주장할 수 있고 상속인 중 한 명이 먼저 사망한 경우라면 배우자와 직계비속이 대습상속으로서 유류분권을 가집니다.

예를 들어 피상속인에게 두 아들이 있고 그 중 장남이 사망한 상황이라면 장남의 부인과 자녀에게 동일하게 상속권과 유류분권이 모두 인정되는 것입니다.

유류분 반환청구권은 유류분권자가 상속의 개시와 반환하여야 할 증여 또는 유증을 한 사실을 안 때로부터 1년 내에 행사하지 않으면 시효가 소멸되고, 또한 상속이 개시된 때로부터 10년을 경과한 때에도 소멸합니다.

위의 철호 씨 가족의 사례는 상속인에게 유증(유언으로 증여)을 남긴 경우와 사전증여의 예였습니다. 상속인 아닌 제3자에게 유증을 하는 경우도 있는데요. 예를 들어 아버지가 상속재산 70억을 남겼는데 유언으로 전액 교회에 기부한 경우입니다. 상속인은 배우자와 자녀 둘이 있다고 하겠습니다. 아버지의 뜻에 따라 전 재산을 교회에 기부하였지만 상속인들이 유류분권이 있어 이 중 절반은 교회로부터 돌려받을 수 있습니다.

상속인	법정상속분액	유류분권리액
배우자	70억 × 3/7 = 30억	30억 × 1/2 = 15억
자녀1	70억 × 2/7 = 20억	20억 × 1/2 = 10억
자녀2	70억 × 2/7 = 20억	20억 × 1/2 = 10억
합계	70억	70억 × 1/2 = 35억

이와 같이 상속인들은 다른 상속인 또는 유증을 받은 자로부터 법정상속분액의 절반을 유류분으로 돌려받을 수 있습니다. 당연히 받은 금액의 절반인 35억은 교회에서 상속인들에게 반환해야 되고, 각 상속인들은 자신의 유류분 권리액만큼씩 돌려받습니다.

Chapter 02

상속세에 대한 이해와 절세하는 상속

아버지가 돌아가셨어요.
상속세 신고는 어떻게 해야 하나요?

_상속세의 구조와 특징

윤호 씨의 아버지는 두 달 전 지병으로 사망하였다. 아버지의 장례를 치르고 나니 주변에서 상속세를 신고 납부하여야 한다고 조언한다. 아버지의 재산으로 토지(개별공시지가 3억, 공인중개사 예상 시세 4억)과 아파트 한 채(국세청 고시가격 4억, 매매사례가액 6억), 그리고 예금(1억)과 종신보험금(납부한 보험료 1억, 받을 보험금 2억) 있으며 부채로 아파트 담보 대출 1억이 있다. 또한 딸에게 5년 전 증여한 주식(당시 평가액 1억, 현재 평가액 3억, 당시 증여세 산출세액 5백만 원)이 있다. 장례비용은 7백만 원이 들었다. 윤호 씨의 가족은 부인과 자녀 두 명이 있다. 상속재산은 어떻게 신고하고 상속세는 얼마나 나오는지 궁금하다.

상속세가 예전에는 부자들의 세금이었습니다. 부모님 한 분 먼저 돌아가실 때는 10억, 홀로 되신 분이 돌아가실 때는 5억 정도 상속공제가 되니 웬만한 부자가 아니고선 남의 일이라는 생각이 일반적이었죠. 그러나 지금은 소득 상승과 더불어 부동산 가격의 상승으로 자산이 10억을 훌쩍 넘기는 사람이 많아졌습니다.

아래 표를 보시면 2013년부터 사망자 중 상속세를 신고한 피상속인의 수가 매년 증가한 것을 볼 수 있습니다. 우리나라 한 해 사망자 수가 30만 명 정도 되니 2017년은 사망자 중에 2% 정도가 상속세 납부대상입니다. 상속세 납부대상인 피상속인 수는 매년 많아지고 있고 상속재산 규모도 점점 커졌습니다. 일괄상속공제와 배우자최소공제를 합한 상속공제 금액이 10억(배우자 없을 시 일괄공제 5억)으로 유지된다면 상속세 납부대상 인원도 점점 늘어날 것입니다.

구 분	2013년	2014년	2015년	2016년	2017년
피상속인 수	4,619명	4,796명	5,452명	6,217명	6,970명
총 상속재산	10.5조	10.8조	13.2조	14.7조	16.7조

우리나라 사람들 재산가액의 70% 정도가 부동산입니다. 부동산이라고 거창한 것이 아니라 자기가 사는 집 한 채인 경우가 많습니다. 평생 일해서 번 돈으로 집 한 채 마련하는 것이 꿈처럼 되어버렸으니까요. 요근래 주택 값이 천정부지로 뛰어올라 서울 강남권은 10억을 훌쩍 넘어 20억 30억을 호가하고 있습니다. 서울의 아파트 중위가격도 8억을 넘었습니다. 지방도 지역에

따라서 집값이 많이 올랐습니다. 주택 가격 상승으로 재산세 등 보유세 그리고 처분 시 양도세 등 세금 부담도 가파르게 늘었습니다. 아파트 가격상승으로 인해 상속세 대상이 아니었다가 상속세 대상이 된 사람도 많아졌고 원래 대상이었던 사람들의 상속세 부담도 커졌습니다.

아파트를 비롯해 집 한 채만 있어도 상속세를 내야 하는 현실인데, 상속세에 대해서는 아직 남의 집 얘기로 생각하는 사람들이 많습니다. 상속세 신고 납부 대상인지도 몰랐다가 나중에 가산세와 함께 세금 통지를 받게 되는 경우도 허다합니다. 상속세 신고에 대해서 어느 정도 지식은 갖춰야 되는 시대입니다.

증여와 상속은 대부분 가족들 사이에서 이루어지는데, 간단히 정리하면 증여는 살아 있을 때 재산을 주는 것이고 상속은 죽고 나서 재산 이전이 이루어지는 것입니다. 증여세는 준 사람이 아니라 증여받은 사람이 내는 세금입니다. 세금은 재산상 이득을 얻은 사람이 내는 게 맞겠지요. 그래서 30억을 갖고 있던 아버지가 자녀 셋에게 10억씩 증여를 한다면 받은 자녀들이 각각 10억에 대해서 증여세 신고를 하고 납부를 하여야 합니다.

이번엔 아버지가 그 30억을 상속을 한다고 해보지요. 죽은 사람을 '피상속인'이라고 하고 재산을 물려받을 가족 등을 '상속인'이라고 합니다. 피상속인, 즉 죽은 사람이 상속세를 계산해서 낼 순 없겠지요. 피상속인의 상속재산을 가지고 상속인들이 상속세를 계산해서 신고 납부합니다. 상속으로 받은 30억을 10억씩 세

자녀가 나눈다고 해도 이번엔 받은 사람 기준으로 신고 납부하지 않습니다. 30억 총액 기준으로 세금계산을 하고 피상속인인 아버지 명의로 한 번 신고를 합니다. 쪼개서 세금 계산을 하는 것보다 재산을 합쳐서 한 번에 계산하면 세액이 커집니다. 초과누진세율 구조 때문에 그렇습니다. 즉 증여세는 받은 사람이 받은 금액에 대하여 세액을 계산한 후 각각 신고 납부하여야 하는 반면 상속세는 피상속인 기준으로 모든 상속재산에 대하여 한 번에 신고 납부를 합니다. 이것이 증여세와 상속세의 차이점입니다. 상속세의 납부는 받은 상속재산의 비율로 분담해서 납부하면 됩니다.

상속세 계산 구조

	총 상속재산가액	본래의 상속재산과 보험, 퇴직금, 신탁재산, 추정상속재산
(+)	사전증여재산가액	상속인(과거 10년 이내), 상속인 이외의 자(과거 5년 이내)
(-)	과세가액공제액	공과금, 장례비, 채무액
(-)	과세가액불산입액	공익법인 출연재산, 공직신탁재산
(-)	비과세상속재산	국가에 유증한 재산, 금융임야, 묘토 등
(=)	상속세 과세가액	
(-)	상속공제	일괄공제, 배우자공제, 금융재산상속공제, 동거주택공제 등
(-)	감정평가 수수료 공제	상속재산 평가 수수료
(=)	상속세 과세표준	과세최저한 50만 원 미만

(×)	세율	10%~50%의 5단계 초과누진세율
(=)	상속세 산출세액	세대생략증여 시 30%, 40% 할증세액 가산
(−)	세액공제	증여세액공제, 외국납부세액공제, 단기재산속공제, 신고세액공제
(=)	신고납부세액	
(−)	분납 or 연부연납세액	납부세액 1천만 원 초과 시 분납, 2천만 원 초과 시 연부연납 고려
(=)	자진납부세액	상속받은 날이 속하는 달의 말일부터 6개월 이내 납부(피상속인이 비거주자일 경우 9개월 이내)

복잡하지요? 이걸 다 이해하기에는 무리가 있으니 몇 가지 중요한 것 위주로 설명해보겠습니다.

	총 상속재산가액	본래의 상속재산과 보험, 퇴직금, 신탁재산, 추정상속재산
(+)	사전증여재산가액	상속인(과거 10년 이내), 상속인 이외의 자(과거 5년 이내)
(−)	과세가액공제액	공과금, 장례비, 채무액
(=)	상속세 과세가액	
(−)	상속공제	일괄공제, 배우자공제, 금융재산상속공제, 동거주택공제 등
(=)	상속세 과세표준	과세최저한 50만 원 미만
(×)	세율	10%~50%의 5단계 초과누진세율
(=)	상속세 산출세액	세대생략증여 시 30%, 40% 할증세액 가산
(−)	세액공제	증여세액공제, 외국납부세액공제, 단기재산속공제, 신고세액공제
(=)	납부세액	

각 단계별 자세한 내용은 다른 장에서 설명을 하기로 하고, 여기서는 대략적인 내용을 파악하는 데 도움이 될 것들을 얘기하겠습니다.

일단 상속재산 내역을 파악해야 합니다. 부동산과 예금 그리고 주식 등을 보유하는 것이 가장 일반적인 재산의 내역입니다. 부동산은 보통 자신이 사는 집 한 채인 경우가 많습니다. 그리고 피상속인이 납부한 종신보험, 생명보험 같은 보험금이 있습니다. 보험은 상속재산에서 놓치기 쉬우니 주의하여야 합니다. 그리고 금융자산으로 예금, 보험, 주식 등이 있습니다. 피상속인이 어디에 예금을 들어놓았는지 보험은 몇 개나 들었는지 모두 알 수가 없는 경우가 많습니다. 이 경우 유용한 것이 바로 '안심상속 원스톱 서비스'로 전국 시·구, 읍·면·동 사무소에서 사망 신고, 금융거래 조회, 국민연금 가입 유무, 국세, 지방세, 자동차, 토지 파악 등 7가지 업무를 동시에 처리할 수 있습니다. 주의할 점은, 여기서는 기관별 재산 유무 정도만 파악되니 자세한 내역은 금융기관 등을 방문하여야 합니다.

이렇게 파악된 재산에 대해서 적절한 평가액으로 총 재산가액을 산정합니다. 예금은 금액 그대로 평가액이 되겠지만 부동산, 주식 등의 평가는 조금 복잡하니 상속재산평가에 대해서는 뒤에 (상속재산 평가) 다시 설명하겠습니다.

상속세 계산에서 제일 놓치기 쉬운 부분이 사전증여재산입니다.

구 분	합산기간
피상속인이 상속인에게 증여한 재산	상속개시일 전 10년
피상속인이 상속인 이외의 자에게 증여한 재산	상속개시일 전 5년

위와 같이 상속인인 경우 피상속인의 사망 전 10년 이내 증여받은 재산은 합산됩니다. 상속세 세무조사에서 제일 문제가 되는 것이 피상속인 사망 이전에 사라진 재산인 추정상속재산과 생전에 증여한 사전증여재산입니다. 상속인에게 증여한 것은 10년, 상속인이 아닌 사람에게 증여한 것은 5년 이내 사전증여재산을 꼭 합산해서 신고하여야 합니다.

그리고 피상속인의 공과금, 채무, 장례비용을 차감합니다. 장례비용은 최소 5백만에서 최대 1천5백만 원까지 공제가 됩니다.

이렇게 구한 상속세 과세가액에서 상속공제를 차감하면 과세표준이 나옵니다.

상속공제

구 분	금 액
일괄공제	기초공제와 기타인적공제 합계액이 5억 원보다 작은 경우 - 일괄공제 5억 원
배우자공제	배우자가 실제 상속받은 금액 (5억 원 미만일 때는 5억 원, 30억 초과일 때는 30억 원)
금융재산상속공제	순금융재산가액의 20% (2천만 원 이하일 때는 전액, 최대 금액 2억 원)
동거주택상속공제	상속개시일로부터 소급하여 10년 이상 피상속인과 동거한 자녀가 상속받는 피상속인의 1세대 1주택
가업(영농)상속공제	가업(영농)상속의 요건을 충족하는 경우

상속공제 합계	상속공제 종합한도액과 비교
상속공제 종합한도액*	아래 한도액 계산액이 상기 상속공제 합계액보다 작으면 이 금액까지 공제

*상속공제액의 종합한도는 다음과 같이 계산됩니다.

> 상속세 과세가액
> - ① 선순위인 상속인이 아닌 자에게 유증·사인증여한 재산가액
> - ② 선순위인 상속인의 상속포기로 그 다음 순위의 상속인이 상속받은 재산가액
> - ③ 상속세 과세가액이 5억 원을 초과하는 경우 증여재산 가산액(증여공제를 받은 금액이 있으면 그 공제받은 금액을 뺀 가액)
> = 상속공제의 종합한도액

위에 열거한 경우에 해당하는 상속재산이 있으면 그 금액만큼은 상속공제를 받지 못합니다. 예를 들어 상속재산 모두를 세대생략하고 손자에게 유증했다면 상속공제는 전혀 받지 못합니다.

이렇게 상속세 과세가액에서 상속공제를 차감한 과세표준에 세율을 곱한 후 산출세액을 구하고 세액공제를 한 후 신고 납부세액을 계산합니다. 상속개시일(피상속인의 사망일)이 속하는 달의 말일부터 6개월 이내(피상속인이 비거주자일 경우 9개월 이내)에 피상속인의 주소지 관할 세무서에 신고 납부합니다.

윤호 씨의 예를 가지고 살펴보지요.

예시에서 언급한 재산을 보겠습니다.

① 토지(개별공시지가 3억)

② 아파트 한 채(매매사례가액 6억)

③ 예금(1억)

④ 종신보험금(2억)

⑤ 아파트 담보 대출 1억

⑥ 딸에게 5년 전 증여한 주식(당시 평가액 1억, 현재 평가액 3억,
당시 증여세 산출세액 5백만 원)

(단위: 원)

	총상속재산가액	토지 3억, 아파트 6억, 예금1억, 종신보험금 2억	1,200,000,000
(+)	사전증여재산가액	5년 전 딸에게 증여한 주식 1억	(+)100,000,000
(−)	과세가액공제액	채무1억, 장례비 7백만 원	(−)107,000,000
(=)	상속세 과세가액		(=)1,193,000,000
(−)	상속공제	일괄공제 5억, 배우자공제 5억, 금융재산공제 4천만 원	(−)1,040,000,000
(=)	상속세 과세표준		(=)153,000,000
(×)	세율	10%~50%의 5단계 초과누진세율	20%
(=)	상속세 산출세액		(=)20,600,000
(−)	세액공제	증여세액공제 5백만 원, 신고세액공제: (20,600,000 − 5,000,000)의 3%	(−)5,468,000
(=)	자진납부세액	상속받은 날이 속하는 달의 말일부터 6개월 이내 납부	(=)15,132,000

간단한 예시지만 막상 계산을 해보니 복잡하지요? 상속세 계산

은 참 복잡합니다. 여기서는 언급이 안 되었지만 추정상속재산까지 하면 상속재산 파악하는 것만 해도 시간이 꽤 오래 걸립니다.

위 계산식의 내용을 요약하면 다음과 같습니다.

- 상속재산은 예금 등 금융자산과 부동산, 주식 등을 합산합니다. 토지는 개별공시지가, 아파트는 매매사례가액으로 합니다.
- 피상속인이 납부한 종신보험의 받을 보험금을 가산합니다.
- 피상속인이 상속인에게 상속개시일 전 10년 이내 증여한 재산을 가산합니다. 가산하는 사전증여 재산가액은 지금 평가액 3억이 아니라 증여 시 평가액 1억입니다.
- 피상속인이 납부할 공과금과 피상속인의 채무는 차감합니다.
- 장례비는 최소 5백, 최대 1천만 원(봉안시설 또는 자연장지의 사용시 5백만 원 추가)을 공제합니다. 5백만 원 넘게 장례비용을 공제받기 위해서는 증빙을 갖추고 있어야 합니다. 여기서는 장례비용으로 사용한 것에 대한 증빙이 모두 있는 것으로 하여 사용한 7백만 원을 전액 공제합니다.
- 상속공제 중 일괄공제는 5억과 배우자공제 5억을 적용하였습니다.
- 상속공제 중 금융재산공제는 금융재산에서 금융채무를 가산한 금액의 20%를 차감하는데 여기서는 순금융자산(예금1억 + 종신보험금 2억 - 채무 1억)이 2억이므로 20%인 4천만 원을 차감합니다.

이렇게 해서 나온 과세표준에 다음 세율을 적용합니다. 상속세와 증여세의 과세표준 구간과 세율은 동일합니다.

과세표준	초과누진 세율적용
1억 이하	과세표준의 10%
1억 초과 5억 이하	1천만 원 + 1억 초과액의 20%
5억 초과 10억 이하	9천만 원 + 5억 초과액의 30%
10억 초과 30억 이하	2억 4천만 원 + 10억 초과액의 40%
30억 초과	10억 4천만 원 + 30억 초과액의 50%

누진공제 형식의 다른 세율표를 보겠습니다.

과세표준	세율	누진공제
1억 이하	10%	
1억 초과 5억 이하	20%	1천만 원
5억 초과 10억 이하	30%	6천만 원
10억 초과 30억 이하	40%	1억 6천만 원
30억 초과	50%	4억 6천만 원

과세표준이 153,000,000원이어서 위의 두 번째 구간에 해당합니다. 1억을 초과한 53,000,000원에 20%를 곱해서 나온 값에 1천만 원을 더하니 20,600,000이 산출세액으로 나오네요. 초과누진세율이 아닌 누진공제 형태로 구해도 세액은 동일합니다.

과세표준 153,000,000원에 대해서
• 초과누진 세율 적용: 10,000,000 + 53,000,000 × 20% =

20,600,000원

• 누진공제 적용: 153,000,000 × 20% - 10,000,000 = 20,600,000원

세액은 동일하게 나오니 두 세율표 중에서 계산이 편한 표를 사용하면 됩니다.

이렇게 구해진 산출세액 20,600,000원에 사전증여재산에 대한 증여세 산출세액 5,000,000원을 공제하고 또한 기한 내(상속개시일이 속한 달의 말일부터 6개월 이내)에 신고를 하면 신고세액공제 3%를 적용받아서 15,132,000원이 자진납부세액으로 구해집니다.

이제 상속세를 신고 납부해야 되는데요. 상속개시일(피상속인의 사망일)이 속하는 달의 말일부터 6개월 이내(피상속인이 비거주자일 경우 9개월 이내) 상속세를 신고하고 납부까지 해야 합니다. 여기서는 뒤에서 설명할 분납제도를 활용하여 다음과 같이 납부하면 됩니다.

구 분	분할납부할 수 있는 금액
납부할 세액이 1천만 원 초과 ~ 2천만 원 이하	1천만 원을 초과하는 금액
납부할 세액이 2천만 원 초과	세액의 50% 이하의 금액

윤호 씨는 납부세액이 15,132,000원으로써 1천만 원을 초과하므로 분할납부를 할 수 있습니다. 1천만 원을 초과한 5,132,000원이 분할납부할 수 있는 금액입니다. 상속개시일이

2019년 10월 1일이라고 했을 때 납부 스케줄을 보겠습니다.

날짜	내역
2019년 10월 1일	상속개시일(피상속의 사망일)
2020년 4월 30일	상속세 신고기한 및 1천만 원 납부기한
2020년 6월 30일	분할납부세액 5,132,000원 납부기한

납부세액이 1천만 원이 넘고 두 달 후까지 완납할 수 있다면 분납제도를 잘 활용하면 됩니다.

지금까지 상속세 구조에 대해서 살펴보았습니다. 상속재산을 파악하고, 재산 별로 적절히 평가한 후 '뺄 것 빼고, 더할 것 더해서' 상속세를 계산하는 것을 보았습니다. 다음 장부터 상속재산에는 어떤 것이 있고 재산 별로 평가는 어떻게 하는지, '뺄 것'과 '더할 것'은 무엇인지 등 상속세와 증여세에 대해서 자세히 알아보겠습니다.

보험금 받았는데
상속세 내야 돼요?

_상속세 과세대상이 되는 상속재산

호랑이는 죽어서 가죽을 남기고 사람은 죽어서 이름을 남긴다고 했습니다. 그러나 상속 측면에서는 사람은 죽어서 '상속재산'을 남깁니다. 상속재산을 상속인들끼리 분배를 해야 하니 우선 상속재산에 어떤 것이 있는지 알아야 합니다. 또한 상속세 납부를 위해서 과세대상이 되는 상속재산을 잘 파악해서 빠뜨린 채 신고 하거나 내지도 않을 재산을 포함해서 신고하는 일이 없도록 해야겠지요.

상속세 및 증여세법에서는 상속재산을 '피상속인에게 귀속되는 재산으로서 금전으로 환산할 수 있는 경제적 가치가 있는 모든 물건과 재산적 가치가 있는 법률상 또는 사실상의 모든 권리'로 규정하고 있습니다. 그리고 피상속인의 일신에 전속하는 것으로서 피상속인의 사망으로 인하여 소멸되는 것은 제외합니다.

우리가 아는 재산들, 즉 현금과 예금, 부동산, 주식 등 모든 경제적 가치가 있는 물건들, 그리고 영업권, 상표권 등의 법률상 또는 사실상의 권리도 포함하고 있습니다. 일반적으로 사람이 죽어서 남기는 '이름'이 아닌 '상속재산'에 대해서 세금을 내지만 상속세를 내야 되는 이름도 있습니다. 그 사람의 이름이 재산적 가치가 있는 상표권이라면 세금을 내야 합니다. 故 앙드레 김의 경우에도 '앙드레 김'이란 이름이 상표권으로 인정되어 국세청에서 상속세를 부과한 적이 있습니다. 아들 김중도 씨는 이로 인해 7억이 넘는 상속세를 추가로 납부해야 했는데요, 상속재산에 포함되는 것을 알았더라면 제때에 신고하여 가산세 부담까지는 하지 않았을 겁니다.

다음 사례를 통해 상속세 과세대상에 좀 더 자세히 대해서 알아보겠습니다.

회사 임원으로 근무하던 성욱 씨가 갑자기 사고로 사망하였다. 성욱 씨가 남긴 재산은 다음과 같다.

① 예금 10억, 아파트와 상가 35억, 상장주식 5억
② 박수근 화백의 그림(2억)
③ 특허권(3억)
④ 성욱 씨가 계약하고 납부한 종신보험의 보험금 5억, 아

내가 계약하고 납부한 종신보험금(피보험자는 성욱 씨)
10억

⑤ 신탁재산 7억

⑥ 퇴직금 4억

⑦ 9년 전에 아내에게 증여한 재산 6억.

6년 전에 성욱 씨 동생에게 증여한 재산 5억

⑧ 9개월 전에 출금된 예금 3억(지출 내역을 알 수 없음)

3년 전에 처분한 오피스텔 2억(지출내역을 알 수 없음)

⑨ 타인 명의로 된 비상장주식(실질소유자는 성욱 씨) 4억

상속세 및 증여세법에서 상속재산을 경제적 가치가 있는 모든 물건과 법률상 또는 사실상 권리라고 하고 있습니다. '경제적 가치가 있는 물건'으로서는 우리가 주로 재산으로 부르는 것으로 이 예시에서는 ①번 항목에 현금, 예금, 주식 등 금융자산과 부동산이 있습니다. 그리고 ②번 미술작품의 경우에도 경제적 가치가 있는 물건으로서 상속재산에 포함되어야 합니다. 미술작품, 금괴, 5만 원권 지폐 등은 신고하지 않으면 세무서에서 파악하기 어려운 점은 있지만 피상속인의 추정상속재산과 상속인의 추후 재산취득자금 증여추정 규정 등으로 보완하고 있습니다.

③번 항목의 특허권은 '재산적 가치가 있는 법률상 또는 사실상의 모든 권리'에 해당됩니다. 여기에 해당하는 상속재산으로 상표권, 특허권, 영업권 등이 있습니다.

위의 경제적 가치가 있는 물건, 법률상 또는 사실상 권리 이외

에도 본래 상속재산이 아니더라도 일정한 재산은 이를 상속재산으로 간주하여 상속세를 과세합니다. 이를 의제상속재산이라고 하는데 보험금, 신탁재산, 퇴직금이 있습니다.

상속재산으로 보는 보험금으로는 피상속인의 사망으로 인하여 받는 생명보험 또는 손해보험의 보험금이 있습니다. 많은 사람들이 가입하는 종신보험은 생명보험에 해당하여 상속재산에 포함됩니다.

위의 ④번 예시를 보면 성욱 씨가 계약하고 납부한 종신보험금은 상속재산에 포함됩니다. 사망으로 인해 재산이 무상으로 이전되는 경우, 그 형식이 상속, 유증 또는 사인증여가 아니라 하더라도 상속세를 과세함으로써 과세의 형평을 기하기 위하여 보험금도 상속재산에 포함합니다. 배우자 명의로 계약하고 피상속인을 피보험자로 하여 가입한 보험의 보험금은 상속재산에 포함되지 않습니다. 보험료를 배우자가 납부하였으니 상속재산이 아니라 배우자 본래 소유로 보는 것이지요.

⑤번 신탁재산도 피상속인이 신탁한 재산은 상속재산으로 봅니다. 다만, 타인이 신탁의 이익을 받을 권리를 소유하고 있는 경우 그 이익에 상당하는 가액은 상속재산으로 보지 않습니다.

⑥번 퇴직금도 상속재산에 포함합니다. 피상속인에게 지급될 퇴직금, 퇴직수당, 공로금, 연금 또는 이와 유사한 것이 피상속인의 사망으로 인하여 지급되는 경우 그 금액은 상속재산으로 봅니다. 다만, 국민연금법에 따라 지급되는 유족연금 또는 사망으로

인하여 지급되는 반환일시금 등은 상속재산으로 보지 않습니다.

⑦번은 사전증여재산으로서 피상속인이 사망시에 남아 있는 재산이 아니므로 상속재산에서 누락하는 경우가 많아 주의하여야 할 항목입니다.

피상속인이 다음의 합산기간 이내에 증여한 재산가액은 상속재산가액에 가산합니다. 다만 비거주자의 사망으로 인하여 사망이 개시되는 경우에는 국내에 있는 재산을 증여한 경우만 가산합니다.

구분	합산기간
피상속인이 상속인에게 증여한 재산	상속개시일 전 10년
피상속인이 상속인 외의 자에게 증여한 재산	상속개시일 전 5년

위의 예시에서 성욱 씨의 동생은 상속인이 아니므로 사전증여재산의 합산기간이 상속개시일 전 5년 이내입니다. 6년 전에 증여하였으므로 상속재산에서 제외됩니다. 그러나 성욱 씨의 아내는 상속인이기 때문에 9년 전 증여재산도 포함됩니다. 이렇게 상속인의 합산기간은 상속개시일 전 10년 이내로 기간이 상속인이 아닌 사람보다 더 깁니다.

이와 같이 생전에 증여한 재산가액을 상속재산가액에 합산하여 상속세를 과세하는 것은 생전증여를 통해 상속세의 누진부담을 회피하지 못하도록 하기 위함입니다. 이 경우 합산하는 증여재산가액은 증여일 현재의 가액으로 하고 그 합산되는 증여재산에 대한 증여세액은 상속세 산출세액에서 공제해줍니다.

⑧번은 추정상속재산으로 재산 종류별(㉠현금, 예금 및 유가증권, ㉡부동산 및 부동산에 관한 권리 ㉢그 외의 재산)로 상속개시일 전 1년 이내 2억 이상, 상속개시일 전 2년 이내 5억 이상의 재산처분이나 채무부담일 경우 지출 용도가 객관적으로 명백하지 않는 금액에 대해서 상속재산으로 추정하겠다는 것입니다. 성욱 씨의 아버지는 상속 개시일 9개월 전에 3억 원의 예금을 인출하였는데 1년 이내 2억 이상이므로 지출 용도가 명백하지 않은 금액을 상속재산에 합산합니다. 모든 금액을 합산하는 것은 아니고 3억의 20%인 6천만 원을 초과하는 2억 4천만 원을 합산합니다. 3년 전에 처분한 오피스텔은 2년을 넘은 기간이므로 합산하지 않습니다. 단 자금의 흐름이 명백히 증여일 때는 증여세로 과세를 합니다.

⑨번은 타인 명의의 재산인데, 타인 명의로 되어 있을 지라도 실제 소유주가 피상속인이므로 상속재산에 합산합니다.

구분	상속재산에 합산할 금액	비고
①	10억(예금) + 35억(부동산) + 5억(상장주식) = 50억	금융자산
②	서화 2억	
③	3억	법률상 권리
④	성욱 씨가 계약하고 받은 종신보험금 5억	의제상속재산(보험금)
⑤	신탁재산 7억	의제상속재산(신탁재산)
⑥	퇴직금 4억	의제상속재산(퇴직금)
⑦	아내에게 증여한 재산 6억	사전증여재산
⑧	예금 3억에서 20%를 차감한 2.4억	추정상속재산
⑨	타인 명의 주식 4억	실질소유주
합계	83.4억	

이렇게 해서 상속재산에 합산할 금액을 구해보니 83억 4천만 원입니다. 여기서는 상속재산에 포함될 재산이 어떤 것이 있는지 알아보았는데요, 그 평가에 대해서는 10장(상속재산 평가)에서 살펴보겠습니다.

보험으로
상속세를 줄일 수 있다고요?

_보험을 활용한 절세 및 납부재원 마련

수호 씨는 50대 후반의 성형외과의사이다. 압구정동에서 꽤 큰 병원을 운영하고 있고 환자도 많이 방문한다. 어느 날 보험 컨설턴트가 찾아와서 이제 상속 준비를 할 때란 다. 자녀들에게 미리 증여도 하고 종신보험도 들어놓으라 는데 상속이랑 보험이 무슨 상관일까 궁금하다. 아직 한 창 일할 나이인데 벌써 상속 어쩌고저쩌고 하니 기분도 살짝 나쁘다. 보험으로 상속세 절세를 할 수 있을까? 그게 아니라면 다른 용도가 있는걸까?

상속에 대한 계획이 생애설계 개념이다 보니 미리 준비할 수록 좋다는 말이 맞습니다. 아무것도 준비하지 않은 채 죽음에 임박하면 재산의 분배 과정에서 상속인들 사이에 다툼이 있을 수도 있고, 세금 측면에서도 미리 준비하였더라면 절세할 수 있었던 사항들을 놓칠 수 있기 때문입니다.

보험은 불확실한 미래를 준비하는 것으로 재난과 사고, 암 발병, 사망 등에 대비해서 가입합니다. 보험의 특성에 따라 두 가지 종류로 나눌 수 있는데 그 하나가 생명보험, 다른 하나는 손해보험입니다. 두 보험의 주요 내용은 다음과 같습니다.

구분	내용	종류
생명보험	보험 가입자가 사람과 관련된 특정 사고나 사건이 발생했을 때 정해진 금액을 지급받는 보험	종신보험
손해보험	보험 가입자가 특정 사고 발생시 입은 손실을 보전해주는 보험	자동차보험, 의료실비보험

보험과 관련하여 꼭 알아두어야 할 핵심 용어 몇 가지를 살펴보면 다음과 같습니다.

- 보험금: 보험사고가 발생하였을 경우 보험회사가 보험계약의 수익자에게 지급하여야 할 금액
- 보험료: 보험계약을 이행하기 위하여 보험계약자가 보험회사에 납입할 금액
- 계약자: 보험회사와 계약을 체결하고 그 계약에 따라 보험료 납입 의무를 지는 자
- 피보험자: 보험사고의 대상이 되는 자, 사망, 장애, 질병의 발생, 상해 생존 등 조건에 관해서 보험계약이 체결된 대상자.

손해보험에서는 사고의 발생으로 생긴 재산상의 손해배상
을 직접 청구 가능한 자
• 수익자: 보험 계약자로부터 보험금 청구권을 지정받은 사람
(특정을 하지 않는 경우는 상속인)

위의 수호 씨가 종신보험에 본인이 서명하고 가입을 한다면
수호 씨가 계약자가 되고, 자신의 사망시에 보험금을 받는 것이
니 수호 씨가 피보험자가 됩니다. 수익자를 특정하였다면 특정
한 사람이 수익자가 되고 특정하지 않았다면 상속인이 보험금의
수익자가 되는 것입니다.

종신보험 같은 생명보험은 자신의 사망시에 살아남은 가족들
을 위해 가입하는 정도로만 알고 있는데 이것이 보험 컨설턴트
의 말처럼 상속과도 연관이 있습니다. 수호 씨가 보험계약자가
되고 상속인이 수익자가 될 때는 보험금도 상속재산에 포함됩니
다. 상속세 산출세액 계산시 초과누진세율에 따라 적용받은 세
율에 해당하는 금액만큼 세금을 내게 되겠지요. 상속세 과세표
준이 30억 이상이어서 최고세율 50%를 적용받는다면, 수령하
는 보험금에 대해서도 절반은 세금으로 내야 됩니다. 물론 상속
재산이 적어서 보험금을 합해도 상속세 과세표준이 나오지 않을
때는 세금은 없겠지요.

그런데 보험설계, 즉 계약자, 피보험자, 수익자를 어떻게 하느
냐에 따라 상속세 납부 대상이어도 추가되는 상속재산인 보험금
에 대해서 상속세를 안 낼 수가 있습니다. 피상속인의 사망으로

인하여 수령하는 보험금이지만 계약 내용에 따라 상속재산에서 제외가 될 수 있는 겁니다.

어떻게 계약하면 수령하는 보험금이 상속재산에 포함되지 않을까요?

수호 씨의 부인 명의로 계약하고 피보험자는 수호 씨, 수익자는 수호 씨의 부인으로 하면 됩니다. 반대로 수호 씨 부인을 피보험자로 하는 종신보험은 수호 씨가 계약하고 수호 씨를 수익자로 설계를 하면 됩니다. 이렇게 교차보험을 들면 상속세나 증여세를 내지 않습니다. 보험계약 상황에 따른 과세 여부를 표로 정리하면 다음과 같습니다.

상황	계약자	피보험자	수익자	보험사고	과세 세금
①	남편	남편	상속인	남편 사망	상속세
②	부인	부인	상속인	부인 사망	상속세
③	남편	부인	남편	부인 사망	세금 없음
④	부인	남편	부인	남편 사망	세금 없음
⑤	자녀	부(모)	자녀	부(모) 사망	세금 없음

수호 씨가 처음 들려고 한 보험이 ①번의 경우입니다. 본인 명의로 계약하고, 피보험자인 자신의 사망시에 상속인인 가족들이 수익자가 되는 구조이죠. 이렇게 자신이 보험계약을 하면서 수익자가 상속인이 되는 ①번과 ②번이 가장 많이 가입하는 종신보험의 형태입니다.

③번과 ④번은 남편과 부인이 교차형태로 보험을 가입하는 것입니다. 이럴 때는 세금이 없습니다. ⑤번과 같이 자녀를 계약

자로 하고 피보험자를 부모로 하여 가입해서 자녀를 수익자로 해도 세금이 없습니다. 세금이 없는 ③번 ④번 ⑤번 세 가지 상황은 모두 계약자와 수익자가 동일한 경우입니다. 여기서 주의해야 할 것이 있습니다. 계약자만 배우자나 자녀로 하고 수호 씨가 보험료 납입을 했다면 이때는 세금이 과세됩니다. 수호 씨가 보험료를 내고 보험금은 상속인이 수령하니 ①번 상황과 동일하게 봐서 상속재산으로 하는 것입니다.

보험을 절세전략으로 사용하기 위해서는 계약자와 수익자를 동일하게 하고 보험료 납입도 계약자가 실제로 납입해야 합니다. 실제 납입까지 계약자가 해야 피보험자가 사망시 거액의 보험금을 수령해도 상속재산에 포함되지 않습니다.

그리고 보험이 상속에 도움이 되는 경우가 또 있습니다. 우리나라 사람들의 상속재산으로 가장 큰 비중을 차지하는 것이 부동산입니다. 집 한 채와 예금이 가장 일반적인 상속재산일 것입니다. 재산이 조금 더 있는 사람은 상가나 토지, 그리고 주식으로도 상속재산을 구성하고 있습니다. 현금 재산은 많이 갖고 있지 않다 보니 막상 상속세를 내려고 하면 세금 낼 돈이 없습니다. 급하게 부동산을 팔거나 부동산을 담보로 대출을 받아야 합니다. 부동산이나 주식으로 세금을 납부하는 물납을 할 수도 있고, 몇 년에 걸쳐서 세금을 나눠서 내는 연부연납을 신청할 수도 있습니다만 국세청의 승인도 받아야 하고 납세담보도 제공해야 돼서 여러 가지 제약이 따릅니다.

따라서 상속세 부담이 클 것이라고 예상될 때는 납부할 상속세 규모를 예측하고 상속세 재원을 마련해둬야 하는 데 이때 보험이 유용하게 쓰일 수 있습니다. 상속세 재원 마련을 위한 보험 가입시 보험 설계는 다음의 순서에 따릅니다.

상속세 예상 납부세액 추정 → 상속세 납부 재원(금융자산) 파악 → 납부부족세액 예상 → 사망보험금액 결정 → 보험 가입

피상속인의 사망시 예상납부세액이 10억이라고 할 때 세금을 납부할 수 있는 금융재산으로 예금이 2억이 있다면 부족한 8억의 세금을 확보하기 위해 최소 8억의 보험금을 수령하는 종신보험을 가입하는 거지요. 보험 가입 설계도, 가능하다면 계약자와 수익자를 동일하게, 즉 남편의 사망을 대비해서 부인의 이름으로 계약, 납입하고 부인이 수령하는 구조로 하면 보험금에 대한 상속세 없이 상속세 납부재원을 마련할 수 있습니다.

시세 10억 상가,
상속재산 평가는 7억?

_상속재산의 평가

민수 씨는 투자의 귀재이다. 원금 1억을 가지고 10년 동안 부동산과 주식을 사고 팔아 막대한 부를 일구었다. 그렇게 모은 재산이 현재 시세로 하면 100억이라고 한다. 10년 안에 10억을 번다는 '텐 인 텐'을 넘어 '헌드레드 인 텐'이다. 그러던 민수 씨가 갑작스런 병을 얻어 죽게 되었다. 민수 씨의 재산은 다음과 같은데 시세가 100억 정도란 얘기만 있지 정확한 평가액은 아직 모른다. 민수 씨가 남긴 상속재산의 평가액은 얼마일까?

① 정기예금 10억과 미수이자 2천만 원(원천징수될 소득세 3백만 원 포함)

② 토지 : 인근 지역이 신도시 개발지역으로 선정된다면 50억, 현재 시세 30억, 개별 공시지가 20억
③ 강남 아파트 : 시세 15억(국세청 고시가격 12억)
④ 강북 단독주택 : 시세 20억(국세청 고시가격 14억)
⑤ 상장주식 : 상속개시일 현재 9억, 상속개시일 전후 각 2개월 동안 종가 평균액은 13억
⑥ 비상장주식 : 순자산가치는 10억, 순자산가치와 순손익가치 2:3으로 가중평균한 가액 7억
⑦ 임대중인 상가건물 : 고시가격 9억, 시가 10억(연 임대료 1억 2천만 원, 보증금 1억)
⑧ 민수 씨가 아버지로부터 상속받은 시골 토지 : 상속받은 시점 공시지가 2억, 5개월 전 감정가액 2억 5천만 원

상속증여재산 중 예금과 같은 금융자산은 평가에 어려움이 없지만 부동산이나 고가의 미술품, 비상장주식 등은 재산평가를 어떻게 하느냐에 따라 세금 액수가 크게 달라집니다. 상속세 과세표준이 30억을 넘어 50%의 세율을 적용받는다면 그 자산 평가액의 절반이 세금으로 나가게 됩니다. 과세표준이 30억을 넘는 상태에서 상속재산 중 한 자산이 10억으로 평가받는다면 세금이 5억, 20억으로 평가받으면 세금이 10억이니 10억 평가액의 차이로 5억의 세금이 왔다 갔다 합니다.

우리가 알고 있는 시세라는 것은 팔려고 내놨을 때 받을 수 있

는 가격입니다.

"옆동에서 우리와 같은 평형 아파트 10억에 팔았다더라." "몇 년 전에 5억에 사놓은 땅 신도시 조성 계획 발표 나고 지금 20억에 내놔도 살 사람이 줄 섰다고 하더라." 여기서 아파트는 10억 원, 땅은 20억 원으로 상속재산 평가를 할까요? 하나는 맞고 하나는 틀렸습니다. 받을 수 있는 가격이 시세이니 그대로 평가액으로 할 것 같지만 모두 그렇지는 않습니다.

상속세 및 증여세법에서는 상속세와 증여세가 과세되는 재산 평가의 기본 원칙을 재산의 가액을 평가기준일의 시가에 의하도록 규정하고 있습니다. 여기서 평가기준일은 상속은 상속개시일로서 피상속인의 사망일, 증여는 증여일을 말합니다. 시가는 불특정다수인 사이에 자유로이 거래가 이루어지는 경우에 통상 성립된다고 인정되는 가액을 말합니다. 시가 10억짜리 아파트를 동생에게 3억에 팔았다고 해서 3억이 시가가 되지는 않습니다. 그리고 1년 전에 같은 동, 같은 평형 아파트가 12억에 거래되었다고 해서 12억이 시가가 되지도 않습니다. 평가기준일 전후 6개월(증여재산의 경우에는 3개월)의 기간 동안 불특정인 사이에 거래된 매매가, 감정가, 수용가, 경매가 등을 시가로 봅니다.

그런데 현실적으로는 시세가 없는 경우가 많습니다. 평가기준일 전후 각 6개월(증여는 3개월) 동안 거래가 없으면 보충적 평가액을 적용할 수밖에 없습니다. 자산 별로 보충적 평가액을 살펴보면 다음과 같습니다.

예금, 적금 등

평가기준일 현재 예금, 적금 잔액과 동일 날짜 기준 미수이자 액에서 원천징수세액을 차감합니다.

유가증권

한국증권거래소에서 거래되는 주권상장법인의 주식은 평가 기준일 전후 각 2개월 동안 공표된 매일의 최종시세가액(종가)의 평균가액으로 합니다. 평가기준일(상속개시일) 당일의 주가가 아 닙니다.

비상장주식은 주식평가를 상속세 및 증여세법에 따라서 해야 합니다. 해당 기업의 순손익가치와 순자산가치를 가중평균해서 구하는데 이 가액이 순자산가치의 80%에 못 미치면 순자산가치 의 80%를 주식평가액으로 합니다. 단 상속재산 평가의 기본 원 칙에 따라 평가기준일(상속개시일) 전후 각 6개월 동안 불특정다 수인 사이에 거래가 이루어진 가액이 있으면 그 금액으로 합니 다. 비상장주식은 개인이 평가하기 어려우므로 전문가의 도움을 받아야 합니다.

토지

평가기준일 현재의 개별공시지가로 하고 개별공시지가가 없 을 때에는 인근 유사 토지의 개별공시지가를 참작하여 평가합니 다. 토지는 시세라는 것이 없습니다. 상속일 전후 각 6개월 동안 해당 토지를 매매하지 않았다면 개발공시지가로 평가를 합니다.

개발이 발표된 상황도 아니니 민수 씨의 토지는 현재 개발공시
지가로 평가합니다.

오피스텔 및 상업용 건물

건물의 종류, 규모, 거래 상황, 위치 등을 참작하여 매년 1회
이상 국세청장이 토지와 건물에 대하여 일괄하여 산정, 고시한
가액으로 합니다.

주택

국토교통부에서 고시한 개별주택가격 및 공동주택가격으로
합니다. 그러나 공동주택인 아파트의 경우에 그 아파트가 아니라
도 같은 지역, 같은 평형 아파트의 거래가격을 시가로 봅니다. 보
충적인 평가 방법인 고시가격보다 매매사례가액을 우선 적용하
게 됩니다. 상대적으로 낮은 가격인 고시가격으로 평가하여 상속
세를 신고하였다가, 국체청에서 매매사례가액을 적용한 가액으
로 세금이 다시 부과되는 경우가 많으니 주의하여야 합니다.

서화, 골동품 등의 평가

판매용이 아닌 서화, 골동품 등 예술적 가치가 있는 유형재산
은 2인 이상의 전문가가 감정한 가액의 평균가액으로 합니다.
단 국세청장이 위촉한 3인 이상의 전문가로 구성된 감정평가심
위회의 감정가액에 미달하는 경우에는 그 감정가액으로 하게 해
서, 지인인 전문가에게 맡겨 터무니없이 낮은 가격으로 평가하

는 것을 방지하고 있습니다.

임대차계약이 체결되거나 임차권이 등기된 자산

1년 임대료를 12%로 나눈 금액에 임대보증금을 더한 금액과 임대부동산의 시가금액 중 큰 금액으로 합니다. 민수 씨의 상가 금액은 연 임대료가 1억 2천만 원이므로 12%로 나누면 10억이 계산되고 보증금 1억을 합하니 11억이 됩니다. 시가 10억보다 더 큰 금액이므로 11억이 평가액이 됩니다.

연금

상속재산 중에는 일시금이 아닌 연금도 있습니다. 이러한 것을 정기금이라고 하는데 일정 금액을 받을 권리가 상속되는 것으로써 기획재정부에서 정한 이자율(현재 3%)로 할인한 가액으로 합니다. 보험금을 일시금이 아닌 연금 형태로 받는 경우입니다. 매년 1천만 원을 10년 동안 받는다면 1억이 아니라 할인을 하니 조금 더 금액이 낮아집니다.

저당권 등이 설정된 자산

저당권이 설정된 재산의 가액은 시가 또는 보충적 평가 방법에 따른 평가액과 해당 재산이 담보하는 채권액 중 큰 금액으로 하며, 전세권이 등기된 재산의 가액은 시가 또는 보충적 평가 방법에 따른 평가액과 등기된 전세금(임대보증금) 중 큰 금액으로 합니다. 예를 들면 불황으로 인해 부동산 가격이 급락하여 시세가 전세가 보다 떨어진 경우입니다. 1년 6개월 전에 7억 주고 산 아파트가 상속개시일 현재 5억으로 떨어졌는데 6억으로 전세를 내준 상태라면 시세 5억이 아닌 전세금 6억이 상속재산의 평가액이 되는 겁니다.

민수 씨의 재산 내역을 다시 보겠습니다.

① 정기예금 10억과 미수이자 2천만 원(원천징수될 소득세 3백만 원 포함)

② 토지: 인근 지역이 신도시 개발지역으로 선정된다면 50억 원, 현재 시세 30억. 개별공시지가 20억 원

③ 강남 아파트: 시세 15억(국세청 고시가격 12억)

④ 강북 단독주택: 시세 20억(국세청 고시가격 14억)

⑤ 상장주식: 상속개시일 현재 9억, 상속개시일 전후 각 2개월 동안 종가 평균액은 13억

⑥ 비상장주식: 순자산가치는 10억, 순자산가치와 순손익가치 2:3으로 가중평균한 가액 7억

⑦ 임대중인 상가건물: 고시가격 9억, 시가 10억(연 임대료 1억 2천만 원, 보증금 1억)

⑧ 민수 씨가 아버지로부터 상속받은 시골 토지: 상속받은 시점 공시지가 2억, 5개월 전 감정가액 2억 5천만 원

상속세 및 증여세법에서는 상속세와 증여세가 과세되는 재산

평가의 기본 원칙은 평가기준일의 시가에 의하고, 시가가 없을 때에 보충적 평가 방법을 적용한다고 하였습니다. 그에 따라서 민수 씨의 재산을 평가해보면 다음과 같습니다.

구분	상속재산에 합산할 금액	비고
①	10억(예금) + 2천만 원(미수이자) − 3백만 원(원천징수) = 10.17억	원금에 미수이자는 포함하고 미수이자에 대한 원천징수액만큼 차감
②	토지 개별공시지가: 20억	토지는 개별공시지가 적용
③	강남 아파트: 15억	매매사례가액
④	강북 단독주택: 14억	국세청 고시가격
⑤	상장주식: 13억	상속개시일 전후 2개월 평균가액
⑥	비상장주식: 8억	순자산가치와 순손익가치 가중평균액과 순자산가치의 80% 중 큰 금액
⑦	상가건물: 11억	(1억 2천만 원/12% + 1억)과 시세 10억 중 큰 금액
⑧	시골 토지: 2억 5천만 원	6개월 이내 감정가액이 있으면 감정가액이 시가가 됨
합계	93.67억	

민수 씨의 재산을 각 항목별로 보면 위의 표와 같이 나옵니다. 100억에 조금 모자란 93억 6천7백만 원이네요. 토지와 단독주택이 부동산에서 말해주는 시세가 아닌 개별공시지가와 고시가격으로 하다 보니 상속재산이 100억보다는 줄어들었습니다.

이와 같이 실제 상속세 신고시 상속재산 평가를 잘못하면 안내도 내는 세금을 더 내거나, 내야 될 세금보다 더 많이 내는 실수를 합니다. 상속재산평가의 기본 원칙은 알고 있어야 하겠습니다.

금괴로 바꿔 몰래 주면
나라(국세청)에서 어떻게 알겠어

_추정상속재산과 용도 불분명 금액

경록 씨는 100억 정도 재산을 일군 자수성가형 사업가이다. 이제 죽을 날도 멀지 않은 것 같아 상속 준비를 해야할 때가 왔다는 생각이 든다. 하나뿐인 아들에게 재산을 전부 물려주고 싶은데 주변에서 상속세가 상당히 많이 나올 것이라고 한다. 상속재산이 100억이면 거의 절반 정도는 세금으로 내야 한다니 아까워서 죽지도 못하겠다. 오랜 고민 끝에 죽기 전에 일부 재산을 정리해서 몰래 아들에게 주기로 했다. 예금을 인출하고 상가도 하나 팔아서 총 10억 정도 되는 현금을 전액 5만 원권으로 인출했다. 10억만 상속재산에서 빠져도 5억 가량의 세금을 덜 내게 되니 적은 액수가 아니다. 뿌듯한 마음으로 아들에게 줄 현금을 비밀금고에 넣어두고 편안히 눈을 감았다.

과연 경록 씨의 뜻대로 아들은 세금 부담 없이 10억을 고스란히 다 가졌을까?

사람들은 살아서는 부를 쌓고, 죽어서는 재산을 고스란히 자녀들에게 물려주고 싶어합니다. 그런데 재산은 많이 물려주고 싶고 세금은 적게 내고 싶은 것이 보통 사람들의 마음입니다. 그래서 경록 씨와 같은 생각을 하는 사람들이 많습니다.

몇 년 전 가정집 벽 속에서 우연히 금괴가 발견된 적이 있습니다. 할아버지가 현재 시가로 65억에 달하는 금괴를 벽 속에 숨겨뒀는데 치매에 걸려서 가족들한테 알리지도 못한 채 사망했습니다. 집에 화재가 나서 집수리를 맡겼는데 인부들이 금괴를 발견하게 됩니다. 집 주인이 모르고 있는 듯하니 금 한 덩이씩만 갖고 벽을 그대로 덮자고 모의를 합니다. 그렇게 벽은 다시 복구되었고 인부들의 일은 벽과 함께 묻힐 뻔했는데 인부 중 한 명이 몰래 그 집으로 다시 찾아옵니다. 벽을 다시 뜯어서 금괴 전부를 빼돌리려다가 가족들에게 발각이 됩니다. 묻힐 뻔했던 일이 그렇게 세상에 알려졌습니다.

범죄행위에 대해서는 여기서는 논외로 하고 세금 측면에서 얘기를 해보면, 뒤늦게 발견되었지만 이 금괴도 상속재산에 포함되어야 합니다. 그렇게 상속재산에 포함된 65억 중 절반 이상은 세금으로 내야 합니다. 최고세율 구간에 해당하는 재산이었으니 50% 세율로 상속세가 계산되고 거기다가 가산세까지 감안하면 할아버지의 가족들 손에 남은 금은 20% 남짓밖에 되지 않았습니다. 처음부터 세금을 제대로 신고하였다면 50% 세율로 세금 내고 끝이 났을 텐데 찾은 금괴에 대해서 가족들이 좋아하지도 못하고 오히려 울화통이 터지는 상황이 발생하였습니다.

그렇다면 할아버지의 처음 의도대로 65억 금괴가 상속인들에게 잘 전달되었다면 세금을 내지 않고 끝이 났을까요?

상속세를 안 내기 위한 편법이나 불법적인 방법들은 많이 있습니다. 기상천외한 방법들도 생각해내지요. 그러나 공격이 있으면 방어가 있습니다. 여러 경우에 대비해서 세법도 깨알 같은 규정을 만들어서 대비하고 있습니다. 위 예시와 관련된 규정을 보면 다음과 같습니다.

일단 금액이 적다면 위와 같이 해도 알 길이 없습니다. 용돈 수준으로 쓰는 것까지 일일이 국세청에서 파악을 하지도 않고, 할 수도 없으니까요. 그러나 재산 처분 과정에서 일정 금액 이상 되면 주의를 해야 합니다. 세법 규정에는 재산 종류별로 1년 이내 2억, 2년 이내 5억 이상 처분하였을 경우 용도를 입증하게 합니다. 재산 종류는 ①현금, 예금 및 유가증권 ②부동산 및 부동산에 관한 권리 ③그 외의 재산으로 구분하고 있습니다.

사망 전 재산 처분 금액에 대하여 재산 종류별로 1년 이내 2억 이상, 2년 이내 5억 이상의 금액을 입증하지 못하면 이 금액을 죽기 전에 상속인들에게 증여해준 것으로 추정하겠다는 것입니다.

위의 경록 씨의 예에서 사망 10개월 전에 예금 3억을 인출하고 상가는 1년 6개월 전에 7억에 팔았다면 이 10억은 경록 씨의 바람대로 상속재산에서 제외될까요?

사망 전 재산 처분 금액에 대하여 재산 종류별로 1년 이내 2억 이상, 2년 이내 5억 이상의 금액을 입증하지 못하면 경록 씨가 상속인에게 이 금액을 증여해준 것으로 추정해서 상속재산에 합산한다고 하였지요. 위에 예시에서는 예금이 1년 이내 인출된 금액으로 2억 이상이니 합산되고, 상가 처분 금액도 2년 이내 5억 이상이므로 모두 합산됩니다. 재산 종류별이니 예금과 상가를 별개로 기준 금액이 넘는지 봅니다.

그러나 이때에 3억과 7억 모두가 합산되는 것은 아닙니다. 용도불명금액에 대해서 재산 처분 등으로 받은 금액의 20%와 2억 중 작은 금액을 차감한 금액이 합산됩니다. 위의 예금 인출액 3억과 상가 처분액 전액이 용도 불분명이라면 예금인출액 중 상속재산에 합산될 금액은, [3억 − MIN(①3억 × 20% = 6천만 원, ②2억)] = 2억 4천만 원이고 상가처분액은 [7억 − MIN(①7억 × 20% = 1억 4천만 원, ②2억)] = 5억 6천만 원으로 두 금액 합계액인 8억이 합산됩니다.

그러나 자녀에게 통장으로 입금하는 등 상속인에게 전해진 것이 분명한 경우라면 전액 증여세로 추징합니다.

금덩어리나 5만 원권으로 해서 재산을 물려주면 국세청에도 파악이 힘들 테니 세금도 내지 않을 것이라 생각하지만 위와 같은 증여추정 규정으로 재산 처분 후 용도 불분명 금액은 상속재산에 포함된다는 것을 잊지 말아야 합니다. 혹시라도 처분된 금액에 대해서는 세무조사를 피해갔다고 하더라도 자녀들이 부동산 등 고가의 자산을 취득할 때 신고된 자녀들의 소득보다 더 큰 재산을 취득하였다면 재산취득자금으로 증여추정을 하게 됩니다. 즉 아버지가 재산을 처분했을 때, 또한 자식이 재산을 취득할 때 의심 자금이 보이면 증여한 것으로 추정하겠다는 것입니다. 세금 내는 것이 아까워서 불법에 가까운 행동을 했다가는 이중 삼중의 감시망에 걸려서 가산세가 포함된 세금 폭탄을 맞게된다는 것을 명심하시기 바랍니다.

추정상속재산으로 간과하기 쉬운 예가 또 있습니다.

병우 씨는 지병으로 오랜 기간 간병인의 도움을 받았습니다. 그런데 가족보다 더 성심껏 자기를 보살피는 간병인에게 좋은 감정이 생겼습니다. 외아들을 키우면서 고생하고 있는 간병인에게 진심 어린 감사의 표시로 몇백 만 원씩, 어떨 때 몇천 만 원씩 예금에서 인출하여 현금으로 주었습니다. 사망 후 세무서 상속세 세무조사에서 이 사실이 발견됩니다. 이렇게 출처를 알 수 없는 인출금이 1년간 3억입니다. 상속인들은 당연히 이 사실을 모릅니다. 아는 사람은 병우 씨와 그 간병인밖에 없습니다. 세무서도 이 금액을 어디에 썼는지 모르지만 알 필요도 없습니다. 상속인들이 그 인출금의 사용처를 입증하지 못하니 '1년 이내 합계 2억 원 이상 예금 인출 금액 중 용도 불분명 금액'으로 상속재산에 합산하면 그만입니다.

상속세가 어려운 것이 이 추정상속재산에 있습니다. 피상속인이 지출한 내역을 평소 메모하거나 증빙으로 보관하지 않으면 상속인들이 다 알 수가 없습니다. 상속세 세무조사 시 피상속인의 통장 내역을 조사하게 되는데 이 과정에서 이렇게 사용처를 알 수 없는 돈의 지출이 발견됩니다. 이 경우 추정상속재산에 포함될 수 있으니 사망 직전 큰 돈의 지출은 삼가야 하고 증빙을 받을 수 있는 것은 꼭 챙겨놓아야 합니다.

죽기 전에 애들 다 주고 가면 상속세는 안 내겠지

_상속인에게 10년 이내 사전증여한 재산의 합산

덕화 씨는 중소기업을 운영하여 꽤 많은 재산을 모았다. 그러던 중 병원에서 암 선고를 받고 1년을 넘기기 어렵다는 청천병력 같은 소리를 들었다. 배우자와 자녀 셋이 있는 덕화 씨는 상속에 대해서는 아직 생각도 해보지 않았는데 지금이라도 준비해야겠다는 생각이 든다. 재산은 100억 정도 되는데 자신이 죽고 나서 자녀들끼리 재산을 분배하면 유산 다툼이 일어나지 않을까 걱정된다. 그래서 죽기 전에 세 자녀에게 30억씩 나눠주고 나머지 예금 10억은 아내의 노후 자금으로 남겨주려 한다. 자신이 죽어서 자녀들이 상속세로 내느니 미리 90억은 증여를 하고 상속할 때 남은 재산을 10억 이하로 하면 상속공제가 되기 때문에 상속세는 내지 않을 것이라 생각했다.

과연 덕화 씨는 올바른 선택을 한 것일까?

상속공제 10억 얘기는 많이들 들으셨을 겁니다. 피상속인의 사망 후 배우자가 있을 때 10억, 배우자가 없이 자녀만 있으면 5억 공제가 되는 것은 대략 맞습니다. 상속공제의 상세한 내용에 대해서는 다른 장에서 자세히 다루어보기로 하고요, 여기선 배우자와 자녀가 있을 때의 공제금액인 10억을 공제받는 것으로 해서 알아보겠습니다.

우선 덕화 씨의 계획대로 했을 때 증여세의 계산이 어떻게 되는지 보겠습니다. 덕화 씨가 재산을 증여하기 전 과거 10년 동안 다른 증여재산은 없으며, 자녀들은 모두 성년이고, 증여신고기한(증여한 달의 말일로부터 3개월 이내) 이내에 증여하는 것으로 가정합니다.

증여세 계산

(단위: 원)

구 분	자녀 1	자녀 2	자녀 3	합계
증여재산 가액	3,000,000,000	3,000,000,000	3,000,000,000	9,000,000,000
(-)증여 재산공제	50,000,000	50,000,000	50,000,000	150,000,000
(=) 과세표준	2,950,000,000	2,950,000,000	2,950,000,000	8,850,000,000
(×) 세율	40%	40%	40%	40%

(=) 산출세액	1,020,000,000	1,020,000,000	1,020,000,000	3,060,000,000
(-)신고세 액공제(3%)	30,600,000	30,600,000	30,600,000	91,800,000
(=) 납부세액	989,400,000	989,400,000	989,400,000	2,968,200,000

세 자녀에게 30억씩 증여할 때 증여세 합산 금액이 30억 가까이 나옵니다. 그리고 덕화 씨는 1년 안에 자신이 사망했을 때 상속세는 상속재산이 10억밖에 남지 않았으므로 상속공제 10억을 차감하면 상속세는 납부할 것이 없다고 생각하였습니다. 자신이 죽을 때 자녀들끼리 나눠야 할 재산은 없으니 재산 다툼도 없을 것이라 생각하고 편히 눈을 감았겠지요.

덕화 씨는 상속세는 더 납부할 것 없이 끝났다고 생각했지만 끝난 게 아닙니다. 피상속인이 사망 전 10년 이내 상속인에게 증여한 재산은 합산해서 상속세를 계산합니다. 대신에 증여세로 낸 금액은 증여세액공제로 차감해줍니다. 여기서 문제가 발생합니다. 증여세는 증여를 받은 증여자들이 받은 금액으로 쪼개서 계산하지만 상속세는 합산해서 계산합니다. 그리고 상속공제한도가 있어서 그냥 상속으로 100억을 물려주었을 때보다 상속공제를 많이 받지 못합니다. 덕화 씨의 상속재산에 대한 실제 상속세를 계산해보겠습니다.

상속세 계산

(단위: 원)

구 분	계
상속재산	1,000,000,000
(+)사전증여재산	9,000,000,000
(=)상속세 과세가액	10,000,000,000
(-)상속공제	1,150,000,000
(=)과세표준	8,850,000,000
(×)세율	50%
(=)상속세 산출세액	3,965,000,000
(-)기납부 증여세액 공제	3,060,000,000
(-)신고세액 공제(3%)	27,150,000
(=)납부세액	877,850,000

덕화 씨는 상속세는 낼 금액이 없을 것이라고 생각하였지만 8억 7천여 만 원을 납부하여야 합니다. 이렇게 덕화 씨의 예상과 다른 결과가 나온 것은 상속세 계산 시 과거 10년 이내 사전증여재산 합산 규정 때문에 그렇습니다. 이렇게 사전증여재산이 있을 경우 상속재산과 합해지고 아래와 같이 상속공제액도 줄어듭니다.

상속공제 가능금액

구 분	금액
일괄공제(a)	5억 원
배우자상속공제(b)	10억 원(배우자가 상속금액)
금융재산상속공제(c)	2억 원 (순금융재산가액의 20%, 최대금액 2억 원)
상속공제 합계(a + b + c)	17억 원
상속공제 종합한도액*	11억 5천만 원

*덕화 씨의 상속공제액의 종합한도는 다음과 같이 계산됩니다.

상속세 과세가액 : 100억 원

- 상속세 과세가액이 5억 원을 초과하는 경우 증여재산 가산액 (증여공제를 받은 금액이 있으면 그 공제받은 금액을 뺀 가액): 88.5억 원(자녀 세 명의 증여세 과세표준 합계액)
= 상속공제의 종합한도액: 11억 5천만 원

사전증여의 영향으로 상속공제금액이 대폭 줄었습니다. 그래서 과세표준이 높아져서 산출세액 계산 시 더 높은 세율(최고세율 40% → 50% 적용)을 적용받게 되었고 세 자녀의 증여세를 합산한 금액보다 상속세 산출세액(30.6억 → 39.6억)이 9억 원 더 많게 나왔습니다.

상속 개시 전 10년 이내 증여재산이 있으면 ①상속세 계산 시 합산하여 정산하고 ②상속공제 종합한도도 줄어들게 되므로 사망 전 10년 이내 증여는 오히려 상속세 측면에서 불리한 결과를 낳을 수 있습니다.

이런 경우가 덕화 씨처럼 재산이 많은 경우만 해당되는 것은 아닙니다. 재산이 많지 않더라도 죽기 전에 재산을 배우자와 자녀에게 미리 넘기려는 경우도 많습니다. 증여 후 10년이 경과하면 아무 문제 없지만 10년 이내에 상속이 개시된다면 세금 부담이 더 커지는 것은 동일합니다. 위의 예시에서 10분의 1로 금액을 줄여서 계산을 해보겠습니다. 즉, 자녀 세 명에게 3억씩 주고 예금 1억 남겨서 아내에게는 1억을 상속으로 주는 경우입니다.

증여세 계산

(단위: 원)

구 분	자녀1	자녀2	자녀3	합계
증여재산가액	300,000,000	300,000,000	300,000,000	900,000,000
(-)증여재산공제	50,000,000	50,000,000	50,000,000	150,000,000
(=)과세표준	250,000,000	250,000,000	250,000,000	750,000,000
(×)세율	20%	20%	20%	30%
(=)산출세액	40,000,000	40,000,000	40,000,000	120,000,000
(-)신고세액공제(3%)	1,200,000	1,200,000	1,200,000	3,600,000
(=)납부세액	38,800,000	38,800,000	38,800,000	116,400,000

상속세 계산

(단위: 원)

구 분	계
상속재산	100,000,000
(+)사전증여재산	900,000,000
(=)상속세 과세가액	1,000,000,000
(-)상속공제*	250,000,000
(=)과세표준	750,000,000
(×)세율	30%
(=)상속세 산출세액	165,000,000
(-)기납부 증여세액 공제	120,000,000
(-)신고세액 공제(3%)	1,350,000
(=)납부세액	43,650,000

상속공제 가능금액

구 분	금 액
일괄공제(a)	5억 원
배우자상속공제(b)	5억 원(최소 배우자상속공제)
금융재산상속공제(c)	2천만 원(순금융재산가액의 20%, 최대금액 2억 원)

상속공제 합계(a + b + c)	10억 2천만 원
상속공제 종합한도액*	2억 5천만 원

*상속공제액의 종합한도는 다음과 같이 계산됩니다.

상속세 과세가액 : 10억 원
- 상속세 과세가액이 5억을 초과하는 경우 증여재산가액 (증여공제를 받은 금액이 있으면 그 공제받은 금액을 뺀 가액): 7억 5천만 원
= 상속공제의 종합한도액: 2억 5천만 원

위의 증여세와 상속세 계산표를 보면 상속세 신고시 세액은 상속재산이 10억 이하여서 상속세를 내지 않는 것이 아니라 4천 3백여 만 원을 납부하고 여기에 증여세까지 하면 모두 1억 5천만 원 가량의 세금을 납부하게 됩니다.

앞선 상속세 과세가액이 100억일 때와 마찬가지로 상속 개시 전 10년 이내 증여재산이 있으면 ①상속세 계산 시 합산하여 정산하고 ②상속공제 종합한도도 줄어들게 되므로, 사망 전 10년 이내 증여의 두 가지 불이익으로 인해 추가 세금까지 내게 되었습니다.

사전증여를 하지 않고 전액 상속세로 신고하였다면 세금을 전혀 내지 않아도 되는데 미리 증여한 것이 세금 측면에서 독이 된 셈입니다.

사전증여 없이 10억을 그대로 상속하였을 경우 상속세는 아래와 같습니다.

상속세 계산

(단위: 원)

구 분	계
상속재산	1,000,000,000
(+)사전증여재산	-
(=)상속세 과세가액	1,000,000,000
(-)상속공제	1,000,000,000
(=)과세표준	-
(×)세율	
(=)상속세 산출세액	-
(-)기납부 증여세액 공제	-
(-)신고세액 공제(3%)	-
(=)납부세액	-

사전증여재산이 없으므로 상속공제가 종합한도에 걸리지 않아 전액 공제받을 수 있어 상속세액이 산출되지 않았습니다.

정리하면, 사망 전 10년 이내 증여한 재산은 상속재산에 합산되기 때문에 단지 상속세를 절세하기 위해 하는 사전증여는 피해야 합니다. 오히려 상속공제되는 금액을 낮추어서 안 내도 될 세금을 내거나 세금을 더 커지게 만드니, 생전에 증여를 하고 싶으면 최대한 일찍 증여를 하는 것이 유리합니다.

절세, 증여가 유리할까 상속이 유리할까?

_사전증여재산 평가액과 상속세 절세

진우 씨는 퇴직금으로 받은 3억으로 시골에 토지를 사두었는데 10여 년이 지난 지금 10억이 되었다. 진우 씨는 이제 칠십이 넘어 상속에 대해서도 신경을 쓸 때가 되었다. 그러던 중 아들이 슬쩍 물어온다.

"아버지, 이 지역이 개발되면 땅 시세가 올라가서 나중에 세금 많이 나온대요."

외아들로 애지중지 키웠던 녀석이 재산 욕심을 내는 것 같아서 조금 야속하기도 하지만 어차피 아들한테 물려줄 생각이라 고민을 해본다. 지금 증여를 하는 것이 나을까? 아니면 죽어서 상속으로 주는 것이 나을까? 아직 소문만 무성하지만 몇 년 안에 신도시로 개발된다면 토지 시세는

20억은 족히 될 것이다. 만약 신도시 개발이 안 된다면 시세는 5억으로 떨어질 것 같다. 토지를 제외하고 상속 시점의 다른 상속재산은 모두 20억으로 가정한다면 진우 씨는 어떤 결정을 하는 것이 절세 측면에서 유리할까?

상속을 할까요? 증여를 할까요? 세무상담에서 가장 많이 듣는 질문 중에 하나입니다. 상속과 증여가 주로 자녀들한테 무상으로 재산을 이전하는 것이라서 다른 고려사항도 많지만 여기서는 세금 측면에서만 비교해보겠습니다. 상속세는 피상속인(사망자)의 재산 전체에 대해서 세금을 계산한다고 하였습니다. 증여세는 받은 사람이 받은 재산에 대해서 세금을 계산하고요. 상속공제나 증여공제를 고려하지 않는다면 전체 재산에 대해서 세율을 곱하는 상속세가 훨씬 많겠지요.

먼저, 상속세와 증여세의 주요 사항을 살펴보겠습니다.

구분	증여세	상속세
과세시점	생전 증여할 때 마다	사망(상속개시)
납세의무자	수증자	상속인
계산구조	과세표준(증여재산가액 - 증여재산공제) × 세율 - 누진공제 = 증여세 납부세액	과세표준(상속재산가액 - 상속공제) × 세율 - 누진공제 = 상속세 납부세액
공제 (증여공제, 상속공제)	배우자: 최대 6억 원 성인자녀: 5천만 원, 미성년 자녀 2천만 원 기타친족: 1천만 원	일괄공제: 5억 원 배우자공제 배우자상속액(최소 5억, 최대 30억) 물정공제

	과세표준	세율 적용
상속세 및 증여세 초과누진 세율 (공통)	1억 이하	과세표준의 10%
	1억 초과 5억 이하	1천만 원 + 1억 초과액의 20%
	5억 초과 10억 이하	9천만 원 + 5억 초과액의 30%
	10억 초과 30억 이하	2억 4천만 원 + 10억 초과액의 40%
	30억 초과	10억 4천만 원 + 30억 초과액의 50%
신고기한	증여일이 속하는 달의 말일부터 3개월 이내	상속개시일이 속하는 달의 말일부터 6개월 이내
장점	수증자별로 각각 과세 (과세표준이 분산됨)	상속공제액이 큼 (일괄공제: 5억, 배우자공제 최소 5억, 최대30억)
단점	증여공제액이 상속공제액에 비해서 작음	상속재산 전체에 대하여 과세 (과세표준이 커져 높은 초과누진세율 적용)

상속세는 피상속인 상속재산 전체에 대해서 한 번 과세하지만 증여세는 수증자별로 증여받을 때마다 과세하는 것이 가장 큰 차이점입니다.

예를 들어 30억 상속(증여)재산으로 상속(증여)공제를 감안하지 않고 전액 과세표준으로 생각한다면 상속세로 계산하면 과세표준이 30억으로 산출세액이 10억 4천만 원이지만, 생전에 자녀 세 명에게 10억씩 주는 증여라면 세금은 2억 4천씩 해서 7억 2천이 되겠네요. 무려 3억 2천만 원이 절세됩니다. 증여로 10억을 하고 20억은 상속하여도 상속세로 모두 낼 때보다 세금은 낮아집니다. 이렇게 여러 명에게 분산하는 경우, 시기를 나누어서 분산하는 경우, 모두 초과누진세율 하에서 높은 세율을 적용받은 금액을 줄이는 방법입니다. 여러 명에게 분산하는 경우는 다른 장에서 설명하기로 하고, 여기서는 사전증여로 시기를 분산하는 방법을 보겠습니다.

사전증여로 시기를 나누면 높은 세율을 적용받은 과세표준 구간에서 낮은 세율을 적용받은 구간으로 이동하여 당연히 절세 효과가 발생합니다. 여러 번 세금을 내게 되지만 합산하더라도 한 번에 내는 것보다 줄어듭니다. 그런데 이것을 배우자와 자녀 에게 할 때는 10년 이상 간격이 있어야 합니다. 증여와 다음 증 여의 시기, 사전증여한 후 상속개시 시점의 간격이 모두 10년이 넘어야 합산되지 않습니다.

상속개시 시점(사망시) 전 상속인에게 10년 이내에 증여한 재 산이 있으면 앞에서 본 것처럼 상속세 계산할 때 합산합니다. 증 여로 10억을 하고 상속으로 20억을 한다고 해도 상속으로 30억 을 하는 것과 동일하게 세금이 나오게 한다는 거지요. 그래서 상 속개시 전 10년 이내의 증여는 절세전략으로서는 의미가 없습 니다. 단, 이것은 증여한 재산가액이 변동이 없을 때입니다. 위 진우 씨 사례처럼 증여한 재산가액의 변동이 있을 경우에는 사 전증여 없이 상속하는 것과, 일부는 사전증여하고 나머지를 상 속하는 것 사이에 세금 차이가 생깁니다. 세법상 상속할 때 합산 되는 재산의 평가액을 상속 시점이 아니라 증여 시점 평가액으 로 하기 때문이지요. 증여 당시 10억, 상속 시점 20억이 평가액 이라면 상속세 계산 시 사전증여재산으로 가산하는 가액은 상속 시점 평가액 20억이 아닌 증여 시점 평가액 10억이 되는 겁니 다. 그래서 증여재산의 가치가 상속 시점까지 증가하는 경우 사전증여가 유리합니다.

아래 진우 씨의 상속세와 증여세 계산식을 보겠습니다. 증여를 하고 10년 이내 상속이 개시되었다고 가정을 하였습니다. 장례비는 감안하지 않았고 상속공제는 배우자공제와 일괄공제로 10억, 증여공제는 5천만 원으로 하였습니다.

상속 개시 시점 20억으로 올랐을 때

(단위: 원)

구 분	사전증여 없이 상속	사전증여 + 상속
증여세		
증여재산가액		1,000,000,000
(-)증여재산공제		50,000,000
(=)과세표준	-	950,000,000
(×)세율		
(=)산출세액	-	225,000,000
(-)신고세액공제(3%)	-	6,750,000
(=)납부세액(a)	-	218,250,000
상속세		
상속재산	4,000,000,000	2,000,000,000
(+)사전증여재산	-	1,000,000,000
(=)상속세 과세가액	4,000,000,000	3,000,000,000
(-)상속공제	1,000,000,000	1,000,000,000
(=)과세표준	3,000,000,000	2,000,000,000
(×)세율	40%	40%
(=)상속세 산출세액	1,040,000,000	640,000,000
(-)기납부 증여세액 공제	-	225,000,000
(-)신고세액 공제(3%)	31,200,000	12,450,000
(=)납부세액(b)	1,008,800,000	402,550,000
총 부담세액(a + b)	1,008,800,000	620,800,000
절세액		388,000,000

토지가 상속 시점 20억으로 올랐다고 하였습니다. 토지를 제외한 재산 20억과 합산해서 40억을 상속세 과세가액으로 하여 계산하였습니다. 이렇게 해서 상속세 납부세액을 계산하면 10억여 원입니다.

사전증여를 하고 상속을 하였다면 위의 산식에서 보는 바와 같이 총 부담세액이 6억 2천만 원으로 4억 가까운 세금이 절세됩니다. 이는 사전증여를 하고 상속을 했을 때 상속 당시 평가액 20억이 아닌 증여 당시 평가액 10억을 합산하므로, 상속세 과세가액이 40억에서 30억으로 줄어들어 나온 결과입니다.

상속 시점 5억으로 내렸을 때

(단위: 원)

구 분	사전증여 없이 상속	사전증여 + 상속
증여세		
증여재산가액		1,000,000,000
(-)증여재산공제		50,000,000
(=)과세표준	-	950,000,000
(×)세율		30%
(=)산출세액	-	225,000,000
(-)신고세액공제(3%)	-	6,750,000
(=)납부세액(a)	-	218,250,000
상속세		
상속재산	2,500,000,000	2,000,000,000
(+)사전증여재산	-	1,000,000,000
(=)상속세 과세가액	2,500,000,000	3,000,000,000
(-)상속공제	1,000,000,000	1,000,000,000
(=)과세표준	1,500,000,000	2,000,000,000
(×)세율	40%	40%
(=)상속세 산출세액	440,000,000	640,000,000

(-)기납부 증여세액 공제	-	225,000,000
(-)신고세액 공제(3%)	13,200,000	12,450,000
(=)납부세액(b)	426,800,000	402,550,000
총부담세액(a + b)	426,800,000	620,800,000
절세액	194,000,000	

이번에는 토지가 상속 시점 5억으로 내렸을 때입니다. 토지를 제외한 재산 20억과 합산해서 25억을 상속세 과세가액으로 하여 계산하였습니다. 상속세 납부세액은 4억여 원으로 계산됩니다.

사전증여를 하고 상속을 하였다면 앞선 20억으로 올랐을 때와 동일하게 총 부담세액이 6억 2천만 원으로 계산됩니다. 사전증여를 하게 되면 상속시 합산되는 증여재산 금액은 증여 당시 평가액이므로 상속시점 평가액에 영향을 미치지 않아서 세액은 앞선 경우와 동일합니다. 이번엔 오히려 사전증여를 한 것이 독이 됩니다. 상속시점 5억인 토지를 10억일 때 증여를 했으니 나온 결과입니다.

이와 같이 상속이냐 증여냐 판단할 때는 증여 당시 평가액과 상속시 평가액이 결정에 큰 영향을 미칩니다. 평가액이 올라갈 것이라 예상되면 사전증여가 유리하고 가액이 내려간다면 사전증여를 하는 것이 오히려 더 많은 세금을 부담하는 결과를 초래합니다.

만약 증여 당시와 상속 당시의 평가액이 10억으로 동일하다면 어떻게 될까요? 두 경우 세금도 동일하게 나옵니다.

상속 시점과 증여 시점 평가액이 동일할 때

(단위: 원)

구 분	사전증여 없이 상속	사전증여 + 상속
증여세		
증여재산가액		1,000,000,000
(-)증여재산공제		50,000,000
(=)과세표준	-	950,000,000
(×)세율		30%
(=)산출세액	-	225,000,000
(-)신고세액공제(3%)	-	6,750,000
(=)납부세액(a)	-	218,250,000
상속세		
상속재산	3,000,000,000	2,000,000,000
(+)사전증여재산	-	1,000,000,000
(=)상속세 과세가액	3,000,000,000	3,000,000,000
(-)상속공제	1,000,000,000	1,000,000,000
(=)과세표준	2,000,000,000	2,000,000,000
(×)세율	40%	40%
(=)상속세 산출세액	640,000,000	640,000,000
(-)기납부 증여세액 공제	-	225,000,000
(-)신고세액 공제(3%)	19,200,000	12,450,000
(=)납부세액(b)	620,800,000	402,550,000
총부담세액(a + b)	620,800,000	620,800,000
절세액	-	-

세금이 동일하게 나오는 이유는 상속세 과세가액이 두 경우다 30억으로 같기 때문에 그렇습니다. 사전증여하고 상속할 때는 증여세와 상속세로 나누어서 내지만 합산하면 모두 상속으로할 때와 동일합니다.

위의 예시는 증여를 한 후 상속개시 시점이 10년 이내일 때, 즉 증여재산을 상속재산에 합산해야 하는 경우입니다. 증여를 하고 상속개시 시점이 10년이 넘는다면 합산이 되지 않으므로 증여와 상속이 분리되는 것이라 이해하면 됩니다. 즉, 증여시점에 증여세를 내고 상속세는 토지를 제외한 20억에 대해서만 세금을 계산하면 됩니다. 이 경우에는 증여시점과 상속시점 평가액이 동일하다고 하여도 사전증여하는 것이 유리합니다. 상속세 계산 시 합산이 되지 않아 분산효과가 생겨서 그렇습니다.

그런데 예외적인 경우가 있습니다. 재산의 대부분을 사전증여할 때입니다. 위의 경우에 진우 씨가 다른 재산 없이 토지만 있다고 해보지요. 그리고 토지가액이 15억으로 상승했다는 가정으로 계산해보겠습니다.

(단위: 원)

구 분	사전증여 없이 상속	사전증여 + 상속
증여세		
증여재산가액		1,000,000,000
(-)증여재산공제		50,000,000
(=)과세표준	-	950,000,000
(×)세율		30%
(=)산출세액	-	225,000,000
(-)신고세액공제(3%)	-	6,750,000
(=)납부세액(a)	-	218,250,000
상속세		
상속재산	1,500,000,000	-
(+)사전증여재산	-	1,000,000,000
(=)상속세 과세가액	1,500,000,000	1,000,000,000
(-)상속공제	1,000,000,000	50,000,000
(=)과세표준	500,000,000	950,000,000
(×)세율		30%

(=)상속세 산출세액	90,000,000	225,000,000
(-)기납부 증여세액 공제	-	225,000,000
(-)신고세액 공제(3%)	2,700,000	-
(=)납부세액(b)	87,300,000	-
총부담세액(a + b)	87,300,000	218,250,000
절세액	130,950,000	

상속재산이 상속시점에는 전혀 없고 상속개시 전 10년 이내 증여한 10억만 있는 경우입니다. 증여시 평가액이 10억이었으므로 상속개시시점 15억으로 올랐더라도 상속세 계산 시 가산하는 증여재산은 10억으로 하는 것은 앞선 경우와 동일합니다. 그런데 여기서 상속공제 액수를 보면 앞선 예시와 다르게 5천만 원만 공제가 되는 것을 알 수 있습니다. 사전증여재산으로 인해 상속공제 한도가 5천만 원에 걸렸습니다. 앞선 경우는 상속개시시점 다른 재산이 있어서 상속공제 한도가 상속공제 금액을 초과하였지만 이번 경우에는 다른 재산이 없어서 한도 5천만 원에 걸린 겁니다.

상속공제 한도는 다음과 같이 계산합니다.

상속세 과세가액: 10억 원
- ① 선순위인 상속인이 아닌 자에게 유증·사인증여한 재산가액: 0
- ② 선순위인 상속인의 상속포기로 그 다음 순위의 상속인이 상속받은 재산가액
- ③ 상속세 과세가액이 5억을 초과하는 경우 증여재산가액: 0
  (증여공제를 받은 금액이 있으면 그 공제받은 금액을 뺀 가액): 9억 5천만 원
= 상속공제 종합한도액: 5천만 원

상속공제 종합한도는 상속재산 10억에서 위 ③번 항목의 값인 9억 5천만 원을 차감한 5천만 원으로 구해집니다. 그 결과 사전증여를 했을 때 상속세는 사전증여했을 때 증여세액 그대로 2.18억 원이 나와서 그냥 상속했을 때보다 훨씬 많은 세금을 부담하게 되었습니다. 사전증여를 하고 상속인은 10년, 상속인 외의 사람은 5년 이내라면 실제 상속이 개시되면 상속공제가 줄어들게 되므로 상속개시가 임박할 것으로 예상될 때의 증여는 신중한 사전검토가 필요합니다.

배우자와 자녀가 있을 때는 10억, 배우자가 없고 자녀만 있을 때는 5억, 배우자만 있고 다른 상속인이 없을 때는 7억이 기본적으로 상속공제가 되니 상속재산이 각각에 해당되는 금액을 초과하지 않는다면 상속세는 내지 않습니다. 이럴 경우는 사전증여를 할 필요가 없겠지요. 물론 미리 증여해야 할 다른 이유가 없고 세금만 고려할 때의 이야기입니다.

정리하면, 사전증여의 절세효과를 크게 하려면 다른 재산이 있어 상속공제 한도가 충분하다는 전제하에, 재산가액이 상승하리라고 예상되는 재산 위주로 증여를 하면 됩니다. 부동산, 주식 등 가치변동이 큰 재산 중 오를 것이라고 예상되는 재산 위주로 증여하면 됩니다. 위의 진우 씨와 같이 큰 폭의 상승이 예상되는 부동산, 앞으로 성장가능성이 큰 회사의 주식 등이 사전증여 전략이 주효한 경우입니다.

중소기업을 운영하는 사장이 상속증여 절세전략으로써, 주식으로 증여를 할 때 증여 당시 주당 5천 원이었던 것이 상속 시 10만 원이 된다면 엄청난 절세효과를 보겠지요. 그래서 최근에는 기업가치가 올라가기 전에 주식을 자녀들에게 증여하는 것이 사업하는 분들의 주요 절세전략이 되고 있습니다.

상속재산이 10억 넘는데 상속세가 없다고요?

_상속공제를 활용한 상속세 절세전략

인규 씨는 죽음을 생각하기에는 아직 이른 나이지만 '재벌 회장의 죽음으로 상속세가 얼마 나왔다'고 하는 뉴스를 보고 나서 자신의 상속세는 얼마나 될지 궁금해졌다. 자신의 사망시점 재산을 생각해보니 아파트 한 채(5억)와 예금 10억으로 15억쯤 될 것 같다. 인터넷으로 상속세 세율을 검색해본다.

과세표준	세율
1억 이하	과세표준의 10%
1억 초과 5억 이하	1천만 원 + 1억 초과액의 20%
5억 초과 10억 이하	9천만 원 + 5억 초과액의 30%
10억 초과 30억 이하	2억 4천만 원 + 10억 초과액의 40%
30억 초과	10억 4천만 원 + 30억 초과액의 50%

세율표를 검색해서 해당 구간에 상속재산 15억을 넣어서 계산해봤더니 상속세액이 무려 4억 4천만 원이다. 인규 씨는 걱정이다.

'평생 모은 재산인데 나 죽으면 세금으로 4억 넘게 내야 한다니?'

그러던 중 지인인 김 회계사를 만났다. 재산 얘기와 가족 관계를 쭉 듣던 김 회계사가 얘기를 한다.

"세금 안 내셔도 될 것 같은데요…"

인규 씨가 눈이 커져 물어본다.

"15억이 상속재산인데 전혀 안 내는 게 가능해요?"

일단 인규 씨는 상속재산 전체에 세율을 곱하는 것으로 잘못 알고 있었습니다. 15억에 세율을 곱하는 것이 아니라 '뺄 것 빼주고' 나온 과세표준에 세율을 곱합니다. '뺄 것' 중에 첫 번째가 과세가액공제액으로 공과금, 장례비, 채무액이 있습니다. 피상속인의 공과금과 채무는 차감하고 장례비도 최소 5백만 원, 최대 1천만 원 빼주는 것으로 앞선 상속세 구조에서 살펴보았습니다.

여기서는 '뺄 것' 중에 두 번째 항목인 상속공제를 구체적으로 보겠습니다.

	총 상속재산가액	본래의 상속재산과 보험 퇴직금, 신탁재산, 추정상속재산
(+)	사전증여재산가액	상속인(과거 10년 이내), 상속인 이외의 자(과거 5년 이내)
(-)	과세가액공제액	공과금, 장례비, 채무액

(=)	상속세 과세가액	
(-)	상속공제	인적공제(기초공제와 기타인적공제와 일괄공제 중 큰 금액, 배우자공제), 물적공제(금융재산상속공제, 동거주택공제, 가업상속공제)
(=)	상속세 과세표준	과세최저한 50만 원 미만

상속세 과세가액에서 상속공제를 차감하는데, 상속공제는 상속인의 인적 구성에 따라서 차감하는 인적공제와 금융재산, 가업상속재산 등 재산 내역에 따라 공제하는 물적공제가 있습니다.

인적공제

상속인의 인적 구성에 따라 공제해주는 것으로, 기초공제와 기타인적공제를 합한 금액이 5억에 미달하면 일괄공제 5억을 차감합니다. 기초공제는 무조건 2억을 차감하고, 자녀의 수, 동거가족 중 미성년자 수, 연로자 수(배우자 제외), 장애인공제 등을 합한 기타인적공제가 3억이 넘지 않으면 일괄공제 5억을 적용하면 됩니다. 자녀의 수가 많고 상속인 및 동거가족 중에 장애인이 있으면 기타인적공제 금액이 커져서 기초공제와 기타인적공제를 합산한 금액이 일괄공제 적용 금액인 5억보다 많이 나올 수 있습니다. 그때는 기초공제와 기타인적공제를 적용하여 5억을 초과해서 공제받을 수 있습니다. 그리고 배우자의 상속금액에 따른 배우자상속공제가 있습니다. 상속인 수가 많지 않은 경우에는 대부분 일괄공제 5억과 배우자상속공제를 적용합니다.

물적공제

물적공제는 가업(영농)상속공제와 금융재산상속공제, 동거주택상속공제, 재해손실공제가 있습니다. 가업(영농)상속공제는 다른 장에서 보기로 하고 여기서는 금융재산상속공제, 동거주택상속공제를 알아보겠습니다.

금융재산상속공제는 금융재산에서 금융채무를 가산한 금액의 20%를 차감합니다. 순금융자산이 2천만 원이 안 될 때는 전액, 2천만 원에서 1억 원까지는 2천만 원, 1억 원 초과일 때는 순금융재산의 20%와 2억 중 적은 금액을 차감합니다. 순금융재산이 10억이 되면 2억을 공제받고 10억을 넘으면 최대금액인 2억까지만 공제됩니다.

순금융재산가액	공제액
2천만 원 이하	순금융재산가액 전액
2천만 원 초과 1억 원 이하	2천만 원
1억 원 초과	MIN(순금융재산가액 × 20%, 2억)

동거주택상속공제는 자녀가 부모님과 한집에서 같이 살기만 해도 주택 가격의 80%(최대 5억)까지 공제가 됩니다. 상속공제가 최대 5억까지 되니 조건도 까다로워 다음 요건을 모두 만족시켜야 됩니다.

• 피상속인과 상속인(직계비속으로 한정)이 상속개시일부터 소

급하여 10년 이상(상속인이 미성년자인 기간은 제외) 계속하여
하나의 주택에서 동거할 것
• 동거주택 판정기간에 계속하여 1세대를 구성하면서 1세대
1주택일 것(무주택기간도 포함)
• 상속개시일 현재 무주택자로서 피상속인과 동거한 상속인
이 상속받은 주택일 것

피상속인과 상속인이 10년 이상 동거하고, 상속받은 주택이
1세대 1주택에 해당하면 되므로 그 집에서만 10년 살지 않아도
됩니다.

상속공제를 인적공제와 물적공제로 나누어 살펴보았습니다.
그러면 인규 씨는 상속공제를 어떻게 적용받아야 세금을 하
나도 안 낼 수 있을까요?
인규 씨의 상속과 관련된 재산과 가족사항을 정리하면 다음
과 같습니다.

상속재산: 15억(아파트 5억, 예금 10억)
상속인: 배우자, 자녀 3명

상속재산이 15억, 공과금과 채무는 없으므로 장례비를 최대 1
천만 원 공제받고 상속공제를 최대한 받아야 합니다. 일괄공제 5
억과 배우자공제 5억을 받고, 금융재산공제로 10억의 20%인 2억

을 받습니다. 12억 1천만 원 공제가 되니 이제 2억 9천만 원만 공제받으면 됩니다. 2억 9천만 원을 어떻게 공제받을까요?

인적공제는 최대 10억을 다 받았고 금융재산공제도 2억으로 최대한 공제받았습니다. 가업은 없으니 가업상속공제는 받을 수 없습니다. 남은 건 동거주택상속공제입니다. 자녀 중 한 명이 한 세대를 구성하면서 10년 이상 살고 그 자녀 명의로 주택을 상속받으면 됩니다. 주택가액의 80%를 공제받으므로 4억까지 공제받을 수 있어 공제가능금액이 남은 2억 9천만 원을 초과합니다.

(단위: 원)

구분	금액	비고
상속재산	1,500,000,000	아파트 5억, 예금 10억
(-)장례비	(-)10,000,000	최대금액
(=)상속세과세가액	(=)1,490,000,000	
(-)상속공제	(-)1,490,000,000	일괄공제 5억, 배우자공제 5억, 금융재산공제 2억, 동거주택상속공제 2억 9천만 원
일괄공제	500,000,000	
배우자공제	500,000,000	배우자공제 법정 한도액 15억 × 3/9 = 5억
금융재산공제	200,000,000	10억 × 20%
동거주택상속공제	290,000,000	MIN(5억 × 80% = 4억, 5억) = 4억 여기서는 2억 9천만 원만 공제해도 과세표준은 0

상속공제 한도액을 보면

상속세 과세가액: 14억 9천만 원

- ① 선순위인 상속인이 아닌 자에게 유증·사인증여 한 재산가액: 0
- ② 선순위인 상속인의 상속포기로 그 다음 순위의 상속인이 상속받은 재산가액: 0

- ③ 상속세 과세가액이 5억 원을 초과하는 경우 증여재산가액

(증여공제를 받은 금액이 있으면 그 공제받은 금액을 뺀 가액):0

= 상속공제 종합한도액: 14억 9천만 원

선순위의 상속인에게 유증, 사인증여나 선순위의 상속포기도 없고 사전증여재산도 없어 상속공제한도가 14억 9천만 원으로 상속세 과세가액과 동일하게 나옵니다.

이와 같이 상속공제를 잘 이용하면 상속세 절세전략에 큰 도움이 됩니다. 동거주택상속공제의 경우 상속공제 혜택이 큰 반면에 자녀가 피상속인과 10년 이상 같이 산 1세대 1주택에 한하여 혜택을 주는 것이므로 미리 준비해야 절세에 도움이 됩니다.

배우자 상속분엔 황금비율이 있다

_배우자상속공제의 활용

혜경 씨는 얼마 전 남편이 암으로 사망하였다. 남편이 유언을 남기지 않아 35억 상속재산의 분할 문제를 놓고 고민이 많다. 상속인으로 자신과 아들 하나, 딸 하나가 있다. 유언장이 없어서 자신과 자녀가 협의해서 재산을 나누어야 하지만 누가 얼마만큼 가져야 할지 모르겠다. 가족들이 화목하게 지내고 있는 상황이라 재산분배에 큰 문제는 없지만 일단 자신이 얼마나 재산을 가져야 될지 판단을 해야 한다. 배우자상속공제가 있다는 말을 들었는데 상속세 절세를 위하여 최대한 배우자상속공제를 받으려면 자신이 얼마를 받아야 할지 궁금하다.

상속재산의 구성은 다음과 같다.

① 아파트: 매매사례가액 7억

② 상가: 고시가격 10억

③ 토지: 개별공시지가 8억

④ 예금 등 금융자산: 10억

상속세를 절세할 수 있는 방법은 크게 두 가지로 볼 수 있습니다. 모든 상속재산에서 상속공제를 차감하는 것이니 상속재산을 줄이거나 상속공제를 많이 받으면 되겠지요. 상속재산을 줄이는 것은 미리 사전증여(증여시점에서 상속개시일까지 10년이 지나야 함)를 해서 줄일 수 있다고 하였습니다. 그 다음은 상속공제인데요, 상속공제 중에서도 다른 공제는 상속개시 시점에서 거의 정해져 있지만 배우자상속공제는 어떻게 분배하느냐에 따라서 상속세액 차이가 많이 납니다.

배우자상속공제의 취지는 배우자가 상속받은 금액은 세대 이전이 아니므로 상속재산에서 차감해서 다음 세대로 이전할 때까지 세금을 유예해주겠다는 의미입니다. 그런데 여기서 배우자가 받은 금액 그대로 공제가 되는 것은 아니고 배우자 법정상속분 이내 금액을 한도로 공제해줍니다. 법정상속분은 배우자:자녀의 비율이 1.5:1입니다. 배우자와 자녀 두 명이 있는 경우에는 1.5:1:1로 배우자의 법정상속분은 3/7(1.5/3.5)이 됩니다. 자녀가 셋인 경우에는 3/9(1.5/4.5)이 되겠지요. 혜경 씨의 경우 자녀 둘이므로 3/7입니다. 상속재산이 35억이니 혜경 씨의 법정상속분은 3/7인 15억이 되겠네요. 그리고 배우자상속공제는 최저 공제금액과 최대공제금액이 있습니다. 배우자가 상속을 전혀 받지 않아도 5억은 공제를 해주고, 아무리 많이 받아도 30억까지만 공제를 합니다. 혜경 씨의 법정 상속지분은 배우자공제의 최대 한도인 30억 이내이므로 혜경 씨의 최대공제금액은 법정상속분인 15억입니다. 혜경 씨가 한푼도 상속받지 않더라도 5억은 공제되고 최대 15억까지 공제가 되겠습니다.

배우자상속공제 한도액을 구하는 공식은 복잡합니다. 간단히 정리하면 배우자가 받은 금액을 상속재산에서 공제해주는데 그 금액 전부 공제해주는 것이 아니라 법정상속분을 한도로 하고, 이 금액이 5억보다 작다면 5억, 30억보다 많다면 30억까지만 공제해준다고 이해하면 됩니다.

혜경 씨가 상속받은 금액에 따라 세액이 어떻게 바뀌는지 보겠습니다. 장례비는 1천만 원으로 공제하였고 공과금과 채무는 없는 것으로 가정하였습니다. 금융재산공제는 금융재산이 10억이므로 최대한도인 2억을 공제받습니다.

(단위: 원)

배우자 상속금액	없음	10억	15억	20억
상속재산	3,500,000,000	3,500,000,000	3,500,000,000	3,500,000,000
(-)장례비	10,000,000	10,000,000	10,000,000	10,000,000

(=)상속세 과세가액	3,490,000,000	3,490,000,000	3,490,000,000	3,490,000,000
(-)상속 공제	1,200,000,000	1,700,000,000	2,200,000,000	2,200,000,000
배우자 공제	500,000,000	1,000,000,000	1,500,000,000	1,500,000,000
일괄공제	500,000,000	500,000,000	500,000,000	500,000,000
금융재산 공제	200,000,000	200,000,000	200,000,000	200,000,000
(=)과세 표준	2,290,000,000	1,790,000,000	1,290,000,000	1,290,000,000
(×)세율	40%	40%	40%	40%
(=)상속세 산출세액	756,000,000	556,000,000	356,000,000	356,000,000
(-)신고 세액 공(3%)	22,680,000	16,680,000	10,680,000	10,680,000
(=)납부 세액	733,320,000	539,320,000	345,320,000	345,320,000

위의 산식을 보면 상속재산 35억에 대하여 7억 5천6백만 원에서 3억 5천6백만 원까지 세액이 산출되는 것을 볼 수 있습니다.

표 왼쪽부터 보면 배우자가 전혀 상속을 받지 않아도 배우자공제 5억을 해줍니다. 배우자공제 한도인 15억을 넘어가니 배우자가 20억을 상속받아도 상속세 산출세액 15억을 상속받을 때와 동일한 것을 알 수 있습니다. 배우자상속공제 한도액을 넘어선 금액을 상속받으면 나중에 홀로 남은 배우자의 사망 시 상속금액이 많아지니까 여기서는 배우자상속공제 한도인 15억까지 상속받는 것이 제일 유리하겠지요. 배우자상속공제로 5억만 공제를 할 때의 세금보다 4억 가까이 절세됩니다. 적절한 배우자

재산 분배액을 찾는 것이 상속세 절세의 중요한 전략입니다.

그리고 배우자가 분배받을 금액이 15억으로 정해졌다면 어떤 재산을 배우자가 받을 것인지도 정해야 합니다. 일단 자신이 살던 7억 아파트는 배우자가 받는 것으로 하고요, 금융자산 10억 중 8억을 배우자 명의로 돌리면 모두 15억이 됩니다. 상속세는 받은 상속재산에 비례해서 세금도 분배해서 내는 것이 원칙이지만 상속세는 연대납부제도가 있어 자신이 받은 상속재산의 한도 내에서 상속세를 연대하여 납부할 수가 있습니다. 즉 자녀 둘의 상속세 부담액까지 어머니가 다 낼 수 있는 것이지요. 배우자가 예금 등 금융자산을 주로 상속받아서 상속세를 내고 자녀들은 부동산 위주로 상속을 받는 것도 좋은 절세 방법입니다.

이번에는 배우자상속공제의 다른 예를 보지요.

우리가 일반적으로 배우자와 다른 상속인이 있을 때 상속공제는 10억까지 되는 것으로 알고 있습니다. 상속재산이 10억을 넘는 경우에도 동거주택상속공제 적용을 받아 상속세가 없는 경우는 앞에서 봤습니다. 그런데 배우자상속공제만으로도 10억이 넘는 상속재산에 대해서 세금을 내지 않을 수가 있습니다. 다음 예를 보겠습니다.

상속인으로 배우자와 딸이 하나 있고 상속재산은 아파트 5억과 예금 10억이 있는 경우입니다. 상속재산이 15억으로 10억을 넘으니 세금을 내야 할 것 같지요?

먼저 배우자상속공제의 한도를 살펴보겠습니다. 이번엔 자녀

가 한 명이니 법정상속비율은 1.5:1입니다. 배우자의 법정지분
은 1.5/2.5 즉 3/5인 60%입니다. 상속재산 15억의 60%인 9억
까지 배우자상속공제가 됩니다. 여기서도 배우자 배분금액에 따
른 여러 경우를 비교해보지요.

(단위: 원)

배우자 상속금액	없음	5억	7억	9억
상속재산	1,500,000,000	1,500,000,000	1,500,000,000	1,500,000,000
(-)장례비	10,000,000	10,000,000	10,000,000	10,000,000
(=)상속세 과세가액	1,490,000,000	1,490,000,000	1,490,000,000	1,490,000,000
(-)상속공제	1,200,000,000	1,200,000,000	1,400,000,000	1,490,000,000
배우자공제	500,000,000	500,000,000	700,000,000	900,000,000
일괄공제	500,000,000	500,000,000	500,000,000	500,000,000
금융재산 공제	200,000,000	200,000,000	200,000,000	200,000,000
(=)과세표준	290,000,000	290,000,000	90,000,000	-
(×)세율	20%	20%	10%	
(=)상속세 산출세액	48,000,000	48,000,000	9,000,000	-
(-)신고세액 공제(3%)	1,440,000	1,440,000	270,000	-
(=)납부세액	46,560,000	46,560,000	8,730,000	-

배우자에게 전혀 상속재산이 분배되지 않은 경우와 5억이 분
배된 경우 상속세액이 동일합니다. 배우자에게 상속재산이 분배

되지 않아도 기본적으로 5억 공제가 되니 생기는 현상입니다. 그리고 배우자 공제를 한도인 9억 받았을 때 세금이 없는 것을 확인할 수 있습니다. 상속공제액을 모두 합하면 상속과세가액을 초과하므로 상속과세가액만큼인 14억 9천만 원 상속공제를 하였습니다. 상속재산이 10억이 넘더라도 배우자 배분액과 금융재산공제 영향으로 세금이 없는 경우도 있는 거지요.

이와 같이 적절한 배우자 배분액을 찾아 최대한 배우자상속공제를 받는 것이 유리합니다.

상속재산이 10억 이하이고 배우자 상속 법정지분이 5억 이하라면 배우자가 상속하는 재산은 상속세 절세 측면에서는 의미가 없습니다. 적게 배분되더라도 5억은 기본적으로 공제를 해주니까요.

상속재산이 100억을 훌쩍 초과해서 배우자상속공제 최대한도 30억에 걸린다면 30억을 넘게 배우자에게 분배하는 것은 절세 측면에서는 효과가 없습니다. 오히려 그 배우자의 사망 시 상속재산이 증대되는 결과를 초래합니다.

500억 상속 받는데
세금이 하나도 없다고요?

_가업상속공제의 요건과 공제한도

강 사장은 IT 기업을 운영하고 있다. 중소기업이지만 IT 붐으로 급성장을 한 후 현재에도 안정적인 매출을 보이고 있다. 그동안 이익을 많이 올렸지만 배당을 거의 하지 않아 이익잉여금이 쌓여 있다. 이제 나이가 많아 주변의 권유로 상속에 대한 컨설팅을 받았다. 아들에게 사업을 넘기려 하고 있어서 가업승계의 의의, 경영철학의 유지 등 등 지루한 얘기에 졸린 눈을 깜박깜박거린다. 그러던 중 컨설팅을 하던 김 회계사가 세금 얘기를 한다.

"재산 규모가 있으면 상속재산의 절반 정도는 세금으로 생각하셔야 됩니다. 최대주주 경영권 승계까지 하면 최대 65%까지 세율이 적용됩니다."

"65%??" 강 사장은 잠이 확 달아난다. "김 회계사님 무슨 좋은 방법 없어요?"

강 사장은 사업만 열심히 했고 상속에 대해서는 깊이 생각해 본 적도 없다. 재산은 자신의 회사 주식을 빼면 살고 있는 집과 예금 얼마가 전부이다. 자신이 죽고 가족들이 상속세 내려면 주식 파는 것 외엔 방법이 없는데 주식을 팔면 회사의 경영권도 날아갈 것 같다. 회사도 지키고 세금도 적게 내는 '좋은 방법'은 없을까?

우리나라의 최고 상속세율은 50%로 다른 나라와 비교했을 때 매우 높은 수준입니다. 상속재산 중에서 최대주주의 주식에 대해서는 기본 상속세율 50%에 최대주주 경영권 프리미엄 30%(지분율 50% 이하일 때는 20%) 할증까지 더해지면 최대 65%의 상속세를 내야 하는 경우가 생깁니다.

재벌그룹을 상속으로 승계받은 신임 회장이 자신이 부담하는 상속세로만 7천억 넘게 납부를 한다는 뉴스로 한때 세간이 떠들썩 했습니다. 최대주주 경영권 프리미엄까지 해서 전 회장으로부터 물려받은 주식의 절반이 넘는 가액을 세금으로 납부하게 된 겁니다. 이런 거액의 상속세를 일시에 납부하려면 상속받은 주식 절반 이상을 팔아야 되는데 그럴 순 없으니 신임 회장은 장기간 나눠서 내는 연부연납을 신청하게 되었습니다.

상속세 내느라 대주주가 바뀐 사례도 있습니다. 손톱깎이로 유명한 한 회사의 회장이 갑작스런 죽음으로 막대한 상속세를 내게 되었습니다. 주식을 팔아서 세금을 낼 수밖에 없었고 이 과정에서 회사의 최대주주가 바뀌는 일이 발생하였습니다. 그리고 농업회사법인인 한 코스닥기업의 회장이 암으로 갑자기 세상을 떠나는 바람에 상속세가 천억이 넘게 나와 상속인들이 주식을 매각할 수밖에 없었던 사례도 있습니다.

가업승계를 하려고 해도 제일 큰 벽이 세금입니다. 과세표준이 30억만 넘어도 50%(할증시 최대 65%)의 세율이 적용되기에 위 예시에서 본 것처럼 절반 이상이 세금으로 날아가버리는 상황도 발생합니다. 최악의 경우 회사가 무너질 수도 있습니다.

그래서 상속인의 상속세 부담을 경감시켜서 가업을 계속 영위할 수 있게 제도를 두었는데 이것이 가업상속공제(영농재산은 영농상속공제)입니다. 살아 있을 때 가업의 주식을 증여하면 '가업승계의 증여세 과세특례제도'의 혜택을 주고 상속시에는 '가업상속공제'로 혜택을 주는 것입니다. 가업승계의 증여세 과세특례제도는 5억까지 전액 공제를 하고 30억까지 10%, 30억 초과 100억까지는 20%의 저율의 세율을 적용합니다.

가업승계 상속공제는 가업승계 해당 자산(주식)을 상속공제로 하여 혜택을 주는 것인데 피상속인이 가업을 영위한 기간에 따라 일정 한도를 두고 있습니다.

가업상속공제와 영농상속공제 공제금액은 다음과 같습니다.

구분	공제액
(1)가업상속공제	공제액 = MIN[가업상속재산가액, 한도액(①,②,③)] ① 피상속인이 10년 이상 20년 미만 계속 경영 가업; 200억 ② 피상속인이 20년 이상 30년 미만 계속 경영 가업: 300억 ③ 피상속인이 30년 이상 계속 경영 가업: 500억
(2)영농상속공제	공제액 = MIN(영농상속재산가액, 한도액 15억)

가업상속재산가액은 다음을 말합니다.

구분	가업상속재산가액
소득세법 적용 기업(개인기업)	가업에 해당하는 사업용자산가액 - 해당 자산에 담보된 부채
법인세법 적용 기업(법인기업)	가업에 해당하는 법인의 주식 등의 가액에서 사업무관자산 비율 차감

영농상속재산가액은 영농, 농지, 초지, 산림지, 어선 등을 말하며 가업상속공제와 마찬가지로 개인기업, 법인기업 모두에 적용됩니다.

가업상속공제를 받기 위해서는 피상속인이 최소 10년 이상 계속하여 경영하여야 하고 기간에 따라 위와 같은 공제 한도액이 있습니다. 사업기간이 25년이고 가업승계되는 자산이 250억이라면 한도가 300억이니 250억 전액 공제, 400억이라면 한도액인 300억까지 공제가 됩니다. 30년 이상의 기업으로 가업승계 자산이 700억이면 한도인 500억까지 상속공제됩니다.

가업상속공제를 적용받기 위한 요건을 정리하면 다음과 같습니다.

- 10년 이상 계속하여 경영한 기업
- 조세특례제한법상의 중소기업(종업원수와 자본금 매출액 등으로 구분, 부동산임대업 등은 제외) 과거 3년 평균매출액이 3천억 미만인 중견기업
- 법인기업의 경우에는 최대주주와 그 특수관계의 지분율이 50%(상장회사는 30%) 이상, 최소한 10년 이상 유지
- 개인기업의 경우에도 가업에 해당하는 사업용 순자가액 공제

앞서 언급한 재벌그룹의 경우는 대기업에 해당하므로 가업상속공제 대상이 아닙니다.

피상속인은 거주자이면서 가업영위기간의 50% 이상 또는 사망 전 10년 중 5년 이상 또는 가업기간 중 10년 이상 대표이사로 재직하여야 합니다.

가업을 이어받을 상속인의 요건은 다음과 같습니다.

- 만 18세 이상이며 상속개시일 전 2년 이상의 기간 동안 임직원으로 재직하여야 함
- 상속세 신고기한까지 임원으로 취임하고 신고기한으로부터 2년 이내에 대표이사로 취임

한 기업을 공동으로 상속하는 경우 대표이사로 취임하는 상속인의 지분만큼 공제 가능하고 가업이 두 개 이상인 경우 상속

인 각자가 해당 기업에 대표이사로 취임한 경우 각 기업별로 상속하는 것도 공제 가능합니다.

가업상속공제는 혜택이 크다 보니 이렇게 공제받기 위한 요건도 까다롭지만 상속세 추징 사유가 되는 사후관리 요건도 복잡합니다. 그 중 중요한 몇 가지를 살펴보면 다음과 같습니다.

- 해당 기업용 자산의 20% 이상을 처분할 경우
- 상속인이 대표이사를 하지 않는 경우
- 가업의 주된 업종을 변경하는 경우
- 1년 이상 휴업이나 폐업하는 경우
- 상속인의 지분율이 감소한 경우
- 상속개시일로부터 10년 동안 정규직 근로자 수가 일정 비율 이상 감소하는 경우

가업상속은 공제받기 위한 요건보다 사후관리 요건이 더 까다롭습니다. 10년 동안 자산의 20% 이상을 처분하면 안 되고 주식의 지분율도 줄어서는 안됩니다. 제일 까다로운 것이 10년 동안 근로자 수를 일정 비율 유지시키는 건데요. 사업의 특성상 부침이 있기 마련이므로 이 유지비율을 지키기가 쉽지 않습니다. 과도한 사후관리 요건으로 인해서 큰 혜택에도 불구하고 가업상속공제 신청이 많지 않은 실정입니다. 세법 개정으로 인해 가업상속공제의 요건과 사후관리 요건이 자주 바뀌므로 정기적으로 전문가에게 상담을 받는 것도 좋은 방법입니다.

처음 가업상속공제가 생길 때는 한도액도 적고 까다로운 사후관리 요건 때문에 신청자가 많지 않았지만 현재는 수 차례 법 개정으로 요건이 완화되었습니다. 상속공제 금액도 최대 500억까지 되니 가업승계를 준비중인 회사에서는 놓쳐서는 안 되는 큰 혜택입니다. 앞서 사례로 든 손톱깎이 회사나 농업회사법인과 같은 상황이 발생하지 않도록 장기간에 걸쳐 준비를 해야 할 것입니다.

상속세가 너무 많이 나와서 한 번에 도저히 못 내겠어요

_분납, 물납, 연부연납

민수 씨 가족은 아버지가 돌아가시고 상속세가 1억이 나왔다. 당장 세금을 납부해야 되는데 1억 원의 현금이 없다. 상속세 신고기한 내에 현금으로 전액 납부하는 것 외에 다른 방법은 없을까?

상속세 납부를 해야 되는데 현금이 없어 난감한 상황에 처하는 경우가 있습니다. 상속세를 미리 준비하여 절세전략도 세워야 되지만 납부재원을 마련하는 것도 절세전략만큼 중요합니다. 상속세를 납부할 현금이 없어 상속재산을 급하게 팔아야 되는 경우까지 생기기 때문이지요. 그래서 상속세 신고기한까지 일시 현금 납부 이외에 여러 가지 납부 방법을 세법에서 정해두고 있는데, 여기에는 분납, 연부연납, 물납 제도가 있습니다.

분납

납부세액이 1천만 원을 초과하는 경우 납부금액의 일부를 납부기한이 지난 후 2개월 이내에 분할하여 납부할 수 있습니다(선택사항). 세무서의 승인도 필요 없고 상속세신고서에 분할납부 사항을 기입하고 신고하면 됩니다.

구 분	분할납부할 수 있는 금액
납부할 세액이 1천만 원 초과 ~ 2천만 원 이하	1천만 원을 초과하는 금액
납부할 세액이 2천만 원 초과	세액의 50% 이하의 금액

앞선 예시에서 납부세액이 15,132,000으로 1천만 원을 초과하므로 분할납부를 할 수 있었습니다. 1천만 원 초과한 5,132,000원이 분할납부 세액으로 상속세 신고기한의 2개월 후까지 납부하는 것을 보았습니다.

만약 납부할 세액이 30,000,000원이라면 2천만 원을 초과하므로 절반인 15,000,000까지 상속세신고기한으로부터 2개월 이내에 분할납부할 수 있습니다.

날짜	납부액
상속세 신고기한 일	15,000,000원
상속세 신고기한 일 + 2개월 후	15,000,000원

납부세액이 1천만 원이 넘고 두 달 후까지 완납할 수 있다면

두 달 후에 절반을 낼 수 있는 분납제도를 잘 활용하면 됩니다.

연부연납

신고 납부할 세액이 거액이어서 일시납부나 분할납부가 곤란한 상속인들은 몇 년에 걸쳐서 납부하는 연부연납을 신청할 수 있습니다.

연부연납은 다음 요건을 충족하여야 신청할 수 있습니다.

- 상속세 납부세액이 2천만 원을 초과할 것
- 상속세 신고 납부기한까지 연부연납 신청서를 제출하고 관할 세무서장의 허가를 받을 것
- 납세담보를 제공할 것

연부연납 기간은 연부연납 허가일로부터 5년 이내의 범위에서 납세의무자가 신청한 기간으로 합니다. 다만, 각 회분의 분할납부 세액이 1천만 원을 초과하도록 연부연납기간을 정하여야 합니다.

그리고 연부연납 신청시 담보를 제공하여야 하는데 담보로 제공할 수 있는 자산은 다음 중 하나에 해당하여야 합니다.

① 금전
② 국채증권 등 대통령령으로 정하는 유가증권

③ 납세보증보험증권

④ 은행법에 따른 은행 등 대통령으로서 정하는 자의 납세보증서

⑤ 토지

⑥ 보험에 든 등기 또는 등록된 건물, 공장재단, 광업재단, 선박, 항공기 또는 건설기계

담보를 제공할 때에는 담보할 국세의 100분의 120(현금, 납세보증보험증권 또는 납세보증서의 경우에는 100분의 110) 이상의 가액에 상당하는 담보를 제공하여야 하며, 여기서 국세는 연부연납 가산금이 포함된 금액을 말합니다. 실제 제일 많이 사용되는 담보는 토지, 건물 등 부동산입니다. 연부연납은 납부세액이 거액이고 상속세 신고 시에 납부할 현금이 없는 경우에 신청하는 경우가 많으므로, 자산의 가장 큰 비중을 차지하는 부동산을 담보로 해서 최대 5년에 걸쳐서 분할해서 납부하는 것입니다. 납부할 세액은 미리 재원을 마련하는 것이 가장 바람직한 방법이나 그렇게 준비를 하지 못한 경우에 사용할 수 있습니다.

예를 들어 상속세액이 13억이라면 3억은 상속세 신고기한 내에 신고 납부하고 10억은 연부연납을 신청하여 5년 동안 2억씩 납부하면 됩니다. 연부연납 가산금 적용(연1.8%)을 받으니 매년 납부할 금액은 다음과 같습니다.

구분	납부세액 (연부연납세액)	연부연납 가산금 (미납잔액 × 1.8%)	합계액
상속세 신고시	300,000,000	-	300,000,000
1년 후	200,000,000	18,000,000	218,000,000
2년 후	200,000,000	14,400,000	214,400,000
3년 후	200,000,000	10,800,000	210,800,000
4년 후	200,000,000	7,200,000	207,200,000
5년 후	200,000,000	3,600,000	203,600,000
합계	1,300,000,000	54,000,000	1,354,000,000

상속세액 13억과 이자에 해당하는 5천4백만 원을 5년 동안 나눠서 내게 됩니다. 이렇게 세액을 납부하기 힘들 때 장기간에 걸쳐 나누어서 납부할 수 있는 유용한 제도지만 납세담보를 제공하여야 하고 가산금을 부담해야 되는 제약이 따릅니다.

물납

상속세가 10억이 나왔는데 상속재산이 부동산밖에 없다면 어떻게 해야 할까요? 부동산을 팔거나 담보로 대출을 받아야겠지요. 하지만 당장 부동산 팔기도 쉽지 않고 대출을 받자니 이자가 부담스럽습니다. 또 부동산을 상속개시일 후 6개월 이내에 팔면 그 금액이 시가가 되어 기준시가로 신고했던 부동산의 상속재산 평가액이 올라가서 상속세가 높아질 수 있습니다. 그래서 나온

제도가 물납제도입니다. 상속세 납부의 어려움을 해소하기 위해서 상속재산으로 상속세를 납부할 수 있게 한 것입니다.

연부연납과 마찬가지로 물납도 몇 가지 요건이 필요합니다.

- 상속재산 중 부동산과 유가증권의 가액이 해당 상속재산가액의 1/2를 초과할 것
- 상속세 납부세액이 2천만 원을 초과할 것
- 상속세 납부세액이 상속재산가액 중 금융재산의 가액을 초과할 것
- 상속세 신고기한 이내에 물납 신청서를 제출하고 관할 세무서장의 허가를 받을 것
- 물납 신청 재산이 관리, 처분하기 부적당한 재산이 아닐 것

물납에 충당할 수 있는 재산은 다음과 같습니다.

- 국내에 소재하는 부동산
- 국채, 공채, 주권

상장주식의 경우에는 물납재산에서 제외되는데 이는 시장에서 매각해서 현금으로 납부하라는 의미입니다. 비상장주식도 원칙적으로는 제외되지만 물납에 충당할 다른 재산이 없다면 물납할 수 있습니다. 실무에선 물납재산으로 부동산이 많이 이용됩니다. 주의할 사항으로는 평가액이 시가가 아닌 기준시가이기

때문에 시세보다 낮은 가액으로 인정해준다는 점입니다. 그리고 담보권 등이 있는 부동산은 물납 승인이 어려울 수 있습니다.

따라서 물납을 하고자 할 경우에는 미리 물납 가능한 재산인지 관할 세무서 측에 문의하는 것이 안전합니다. 물납과 연부연납을 병행할 수도 있습니다. 즉, 연부연납 신청을 하고 연부연납 납부를 그때그때 물납으로 할 수 있습니다.

정리해보면, 상속세를 납부할 수 있는 방법으로는 신고기한 내에 전액 납부하는 방법, 분납, 연부연납, 물납이 있고, 상속세액이 많을 때에는 여러 방법들을 비교해보고 납부 부담을 최소화하는 방법을 선택하는 것이 바람직합니다. 더 효과적인 방법은 미리 금융재산과 보험 등으로 세금을 납부할 수 있는 상속재산을 구성하여 상속세 재원을 마련해놓는 것입니다.

상속세 두 번 내느니 손자에게 다 줘야지

_세대생략상속

어느덧 팔순을 훌쩍 넘긴 욱진 씨는 더 늦기 전에 상속에 대한 준비를 해야겠다는 생각이 든다. 오랜 병으로 현금은 거의 다 썼고 남은 재산은 자신이 살던 아파트 한 채와 시골에 땅이 조금 있는데 평가액으로는 아파트와 땅 합해서 10억이다. 가족으로는 부인과 아들이 하나 있다. 욱진 씨의 생각으로는 아들에게 물려줘서 나중에 아들이 손자에게 상속할 때 자신의 재산 몫만큼 상속세를 또 내게 하는 것보다 자신이 직접 물려주는 것이 절세 측면에서 유리할 것 같다. 욱진 씨는 가족과 협의하여 손자에게 모든 재산을 상속한다는 유언장까지 작성해두었다.

배우자와 자녀가 있으니 상속공제 10억(배우자공제 5억, 일

146

괄공제 5억)을 적용받아 상속세는 없을 것이라 생각했다. 욱진 씨가 생각한 상속세 계산 내역은 다음과 같다.

구분	계
상속세 과세가액	1,000,000,000
(-)상속공제	1,000,000,000
(=)과세표준	-
(×)세율	-
(=)상속세 산출세액	-

욱진 씨의 사망 후 상속세 낼 것이 없다고 생각한 욱진 씨 가족은 상속세 신고도 하지 않았다. 상속세에 대해선 까마득히 잊고 있었는데 몇 달 후 세무서에서 상속세 과세 예고 통지서가 날아왔다.

요즘 손자에게 증여를 하거나, 자녀를 거치지 않고 손자에게 바로 상속을 하는 경우를 많이 볼 수 있습니다. 재산을 아들에게 물려준 다음 아들이 또 자신의 아들에게 물려주게 되면 그 재산가액에 대해서 2대에 걸쳐서 상속세를 내게 됩니다. 그래서 한 번만 상속세를 부담하려고 손자에게 바로 주려는 거지요. 국가가 보기에는 세수 측면에서 괜히 손해 보는 기분입니다. 그래서 아들을 거치지 않고 손자에게 주는 세대생략상속 재산가액에 대해서는 상속세 할증을 합니다. 산출된 세액에 대해서 30%를 가산하는 것이지요. 단, 미성년에게 20억을 초과하는 재산을 상속할 때는 40%를 가산합니다.

 산출세액이 2억이고 이 중 손자에게 준 재산가액에 해당하는 산출세액이 1억이라면 1억에 대한 30%인 3천만 원이 가산되어서 총 상속세 산출세액은 2억 3천만 원이 됩니다. 세대생략에 대해서 할증이 적용되는 것은 증여세나 상속세나 동일합니다. 상속세는 여기에 추가로 상속공제에 제약이 따르는데요, 세대생략 상속재산에 대해서는 상속공제를 해주지 않습니다. 욱진 씨의 경우처럼 세대생략상속을 10억 했다면 원래 상속공제액 10억에서 10억 전액이 차감되어 상속공제가 전혀 되지 않습니다. 상속 재산이 7억인데 이 중 3억을 세대생략상속을 했다면 3억을 제외한 4억까지 상속공제 한도가 되겠지요.

 이렇게 상속공제 한도의 적용을 받고 할증세액을 감안한 욱진 씨의 상속세 산출세액을 계산해보겠습니다.

(단위: 원)

구분	계
상속세 과세가액	1,000,000,000
(-)상속공제	-
(=)과세표준	1,000,000,000
(×)세율	30%
(=)산출세액	240,000,000
(+)할증세액(30%)	72,000,000
(=)산출세액 합계	312,000,000
(+)가산세(무신고 20%, 납부불성실 10% 적용)	93,600,000
(=)납부세액	405,600,000

 욱진 씨의 가족은 상속세를 한 푼도 내지 않을 줄 알고 신고도

하지 않았지만 나중에 산출세액 240,000,000원, 세대생략 할증세액 72,000,000원에 가산세까지 해서 4억이 넘는 세금 폭탄을 맞게 됩니다.

손자에게 상속재산을 물려줄 때는 상속공제에 제약이 있어 이런 경우가 생깁니다. 세대생략상속을 생각한다면 상속공제와 할증세율 두 가지 측면을 모두 고려하여 판단하여야 합니다. 미리 알았더라면 욱진 씨의 선택은 달라졌을 겁니다. 그냥 배우자와 아들에게 상속하는 것으로 하였다면 욱진 씨의 처음 생각대로 산출세액은 계산되지 않습니다. 물론 그렇게 물려준다면 나중에 손자가 욱진 씨의 아들로부터 상속을 받을 때 그 재산만큼 상속세 부담은 더 하겠지만 당장 안내도 될 세금을 3억이나 내려고 하는 사람은 없습니다. 나중에 세법규정이 어떻게 바뀔지도 모르니까요.

다른 예를 보겠습니다. 욱진 씨의 동생 욱재 씨의 총 상속재산은 30억입니다. 욱재 씨는 이 재산을 아들과 손자에게 어떻게 나눠줄지 고민입니다. 욱재 씨도 배우자가 있어 최소 5억은 배우자공제를 받을 수 있습니다. 30억 전부를 욱재 씨의 아들에게 상속을 하는 게 나은지, 15억 원은 아들에게 하고 15억 원은 손자에 하는 게 나은지 세금 비교를 하고 싶습니다. 욱재 씨의 상속공제액도 배우자공제 5억과 일괄공제 5억으로 10억을 가정합니다.

구분	아들 30억	아들 15억, 손자 15억
아들에게 상속	3,000,000,000	1,500,000,000
손자에게 상속	-	1,500,000,000
상속세 과세가액	3,000,000,000	3,000,000,000
(-)상속공제	1,000,000,000	1,000,000,000
(=)과세표준	2,000,000,000	2,000,000,000
(×)세율	40%	40%
(=)산출세액	640,000,000	640,000,000
(+)할증세액(30%)	-	96,000,000
(=)산출세액 합계	640,000,000	736,000,000
(-)신고세액공제(3%)	19,200,000	22,080,000
(=)납부세액	620,800,000	713,920,000

상속공제 한도액을 보면

상속세 과세가액: 30억 원

- ① 선순위인 상속인이 아닌 자에게 유증, 사인증여한 재산가액: 15억 원

- ② 선순위인 상속인의 상속포기로 그 다음 순위의 상속인이 상속받은 재산가액: 0

- ③ 상속세 과세가액이 5억 원을 초과하는 경우 증여재산가액

  (증여공제를 받은 금액이 있으면 그 공제받은 금액을 뺀 가액):0

= 상속공제 종합한도액: 15억 원

상속공제액이 10억 원이므로 한도 내 금액으로 10억 상속공제

손자에게 세대생략상속한 재산 이외에도 15억 원의 상속재산이 있어 상속공제 한

도액의 영향을 받지 않습니다.

욱재 씨의 경우 손자에게 상속함으로써 당장 93,120,000원

(713,920,000 - 620,800,000)의 세금을 더 납부하게 되지만 그 재

산을 아들이 상속받아 다시 욱재 씨의 손자에게 상속할 때 상속세가 부과될 것이므로 그에 비하면 절세효과가 있습니다. 욱재 씨의 아들 사망 시 상속세 과세표준 구간이 40% 구간이라면 15억의 40%인 6억이 상속세에 추가가 되지만 손자에게 바로 상속이 되었으므로 세대생략상속한 15억 재산에 대해서는 세금이 없게 됩니다.

이렇게 세대생략상속으로 인한 절세효과는 상속재산이 클수록, 상속공제액을 침범하지 않는 범위 내에서 손자에게 바로 상속할 때 더욱 커집니다.

세대생략상속을 고려하고 있다면 할증세액을 가산하여 지금 내는 것이 좋은지, 할아버지에게서 아버지 그리고 손자에게 순차상속을 할 것인지 전문가의 도움을 받아 미리 세액 비교를 해 보고 결정해야겠습니다.

외국에 사시는 아버지가
돌아가셨어요

_거주자, 비거주자의 상속세

영수 씨는 미국에서 부인과 함께 오랜 기간 무역업을 해오고 있다. 외동딸은 한국에서 대학을 졸업하고 회사에 취업하였다. 영수 씨는 이제 사업을 정리하고 한국에 들어와서 살까 고민 중이다. 영수 씨의 재산은 미국에 4억짜리 집과 1억의 예금이 있고 한국에는 25억 강남 아파트와 예금 10억이 있다.

　요즘은 글로벌 시대로 외국에 나가 있는 사람들이 많습니다. 부모가 외국에 살기도 하고 자녀들이 유학과 취업으로 외국생활을 하기도 합니다. 이렇게 소득과 재산이 한국에도 있고 외국에도 있을 때는 어느 나라 세법을 적용받을지 잘 알아보고 판단해야 합니다.

세법에서는 국적이 아닌 거주자와 비거주자로 판단을 하는데, 여기에는 몇 가지 요건이 있습니다. 거주자는 일반적으로 우리나라에 주소를 두고 있거나 183일 이상의 거소(주소지 이외 상당 기간 거주하는 곳)를 두고 있는 사람을 말하고 그렇지 않은 사람을 비거주자고 합니다. 거주자는 한국 세법의 적용을 받습니다. 국적이 외국이라도 한국에 183일 이상 거소를 둔 사람은 한국에 소득세를 내는 거지요.

상속세는 거주자와 비거주자의 판정에 따라 과세대상과 상속공제금액이 달라집니다. 거주자로 사망한 경우에는 국내외의 모든 재산에 대해서, 비거주자로 사망한 경우에는 국내 재산에 대해서만 상속세를 과세합니다. 상속공제는 거주자는 모든 공제(기초공제, 배우자공제, 일괄공제 등 인적공제와 가업상속공제, 금융재산공제 등 물적공제)를 적용받지만 비거주자는 기초공제 2억만 적용받습니다.

거주자는 상속재산가액에서 공과금, 장례비용, 채무 등을 차감하지만 비거주자는 장례비는 공제되지 않고 채무도 상속재산에 담보된 채무만 공제가 됩니다.

구분	거주자	비거주자
공과금	상속개시일 현재 피상속인이 납부해야 할 공과금으로 납부되지 아니한 금액 공제	국내 소재 상속재산에 대한 공과금만 공제
장례비	공제됨	공제 안 됨
채무	모든 채무 공제	국내 소재 상속재산을 목적으로 담보된 채무만 공제

거주자와 비거주자는 상속재산의 합산 범위, 상속공제 등 공제금액 차이로 인해 세금이 달라집니다. 영수 씨가 거주자일 경우와 비거주자일 경우 세액을 계산하면 다음과 같습니다.

(단위: 원)

구 분	거주자	비거주자
상속재산	4,000,000,000	3,500,000,000
(-)상속공제	3,100,000,000	200,000,000
기초공제	-	200,000,000
일괄공제	500,000,000	-
배우자공제 (상속재산 × 1.5/2.5)	2,400,000,000	-
금융재산상속공제 (금융재산 × 20%)	200,000,000	-
(-)장례비공제(최소액)	5,000,000	-
(=)과세표준	895,000,000	3,300,000,000
(×)세율	30%	50%
(=)상속세 산출세액	208,500,000	1,190,000,000
(-)신고세액 공제(3%)	6,255,000	35,700,000
(=)납부세액	202,245,000	1,154,300,000
절세액	952,055,000	

거주자일 경우 국내외 자산 모두 상속재산에 포함되지만 비거주자는 국내 자산만 포함됩니다. 상속재산의 범위는 거주자가 넓지만 공제에 있어서는 일괄공제, 배우자공제, 금융재산상속공제가 적용되어 기초공제 2억만 적용되는 비거주자의 경우보다 훨씬 공제금액이 많습니다. 거주자와 비거주자를 선택할 수 있는 상황이라면 국내외 재산 금액과 상속공제를 감안하여 유리한 쪽으로 선택하면 됩니다. 영수 씨의 경우 한국으로 들어와서 거주자가 되는 것이 상속세 면에서는 훨씬 유리하겠지요.

Chapter 03

증여세에
대한
이해와
절세하는
증여

아들한테 통장 만들어 주는데 증여세를 내야 돼요?

_증여세의 구조와 특징

선옥 씨는 이제 초등학교 3학년이 된 늦둥이 아들이 있다. 해준 게 없는 거 같아 늘 마음이 아팠는데, 화장품 가게를 하며 알뜰살뜰 모은 1억으로 아들 명의의 통장을 만들어 주고 나니 마음이 든든하다. 그런데 주변에서 증여세는 어떻게 할거냐고 걱정들이라 선옥 씨는 당혹스럽다.

"애들한테 내 돈 주는데 세금을 내요? 지금까지 애들 용돈 주고 세금 낸 적 한번도 없는데?"

자녀들은 부모에게 생활비도 받고 학비도 공짜로 받습니다. 공짜로 받은 돈이지만 증여세를 내본 적은 없습니다. 통상적인 생활비와 교육비 등에 대해서는 증여세를 과세하지 않으니까요.

그러나 부모가 자녀 통장에 1억이라는 돈을 입금해준다면, 이 경우 통상적인 생활비 수준을 넘은 증여이므로 증여세 신고를 하여야 합니다. 자녀 결혼 때 전세자금을 지원해줬다면요? 사실 이 부분에 대해서 이전에는 과세가 어려웠습니다. 원칙적으로는 과세하여야 하나 세무 당국에서 발견하기도 어렵고, 금액이 크지 않은 경우에는 넘어가는 경우가 많았습니다. 하지만 요즘은 전세가액도 정말 빌려준 것이 아니라면 증여로 보고 증여세를 부과하는 추세입니다. 고가 아파트의 전세를 지원했다면 증여세가 필히 부과됩니다. 증여가 아닌 부모에게서 빌린 금액이라면 계약서와 이자 지급에 대한 증빙이 있어야 증여세를 피해갈 수 있습니다. 부동산 매입의 경우에는 재산취득자금 출처조사로 인해 큰 금액이 아니어도 증여세가 부과될 수 있습니다.

이와 같이 자녀들에게 통상적인 생활비와 학비 수준을 뛰어넘는 금액을 공짜로 주는 것은 세법상 증여 행위로, 증여세 납부대상이란 것을 기억하시기 바랍니다. 증여세 납부대상인데 신고 납부를 하지 않으면 가산세까지 포함해서 세금이 부과됩니다.

증여세의 납세의무자는 수증자(증여를 받은 사람)입니다. 선옥 씨가 아들에게 증여를 하면 받은 아들이 증여세를 신고 납부해야 되는 거지요. 그리고 증여세의 특징으로 증여자 별, 수증자 별 과세를 합니다. 상속세는 피상속인의 재산에 대해서 상속인들이 공동으로 신고 납부하지만 증여는 받은 사람 별로 각각 증여세를 신고 납부합니다. 아들과 딸에게 각각 1억씩 증여한다고 하면 증여자가 2억에 대해서 증여세를 내는 것이 아니라 아들과 딸이 받은 1억에 대해서 각각 증여세 신고를 하고 납부하여야 합니다. 주의하여야 할 것이 아버지가 아들에게 1억을 증여하고 어머니도 1억을 증여하였다면 각각 신고하는 것이 아니라 아버지와 어머니는 동일인으로 봐서 2억을 합산한다는 것입니다. 이 경우 아들은 합산한 2억에 대해 1회 신고 납부합니다.

아버지가 1억을 주고 할아버지가 1억을 주었다면 어떻게 될까요? 아버지한테 받은 1억과 할아버지한테 받은 1억에 대해서 각각 증여세 신고를 해야 합니다. 아버지와 할아버지는 증여자가 다르므로 증여세의 증여자 별·수익자 별 원칙에 따라 각각 계산하는 것입니다.

증여세 계산구조

증여세를 내야 된다는 것을 알고 나면 그 다음 궁금한 점은 '세금이 얼마나 나올까'입니다. 증여세 구조를 보면 다음과 같습니다.

	증여 재산가액	평가는 시가평가
(+)	증여 재산가액 가산	합산기간 내에 동일인으로부터 증여받은 재산가액
(-)	채무인수액	부담부증여시 채무인수액
(=)	증여세 과세가액	
(-)	증여공제	배우자공제, 직계존비속공제, 기타친족공제
(-)	감정평가 수수료 공제	증여재산 평가 수수료
(=)	증여세 과세표준	과세최저한 50만 원 미만
(×)	세율	10%~50%의 5단계 초과누진세율
(=)	증여세 산출세액	세대생략증여 시 30%,40% 할증세액 가산
(-)	세액공제	기납부증여세액공제, 외국납부세액공제, 신고세액공제

(=)	신고납부세액	
(-)	분납 or 연부연납세액	납부세액 1천만 원 초과 시 분납, 2천만 원 초과 시 연부연납 고려
(=)	자진납부세액	증여받은 날이 속하는 달의 말일부터 3개월 이내 납부

세법에 나오는 내용인데 상속세 계산 구조와 마찬가지로 복잡
합니다. 그래서 중요한 내용만 간추려보면 아래와 같습니다.

	증여 재산가액	평가는 시가평가
(-)	증여공제	배우자공제, 직계존비속공제, 기타친족공제
(=)	증여세 과세표준	과세최저한 50만 원 미만
(×)	세율	10%~50%의 5단계 초과누진세율
(=)	증여세 산출세액	세대생략증여 시 30%, 40% 할증세액 가산
(-)	신고세액공제	증여세 산출세액에서 기타 세액공제액 차감 후 3%
(=)	자진납부세액	

선옥 씨가 증여한 1억을 가지고 세금계산을 바로 해보겠습니다.

(단위: 원)

	증여 재산가액	100,000,000
(-)	증여공제	20,000,000
(=)	증여세 과세표준	80,000,000
(×)	세율	10%
(=)	증여세 산출세액	8,000,000
(-)	신고세액공제	240,000
(=)	자진납부세액	7,760,000

1억을 미성년자인 아들에게 증여하니 증여세가 7,760,000원

계산되네요. 그러면 이 금액이 어떻게 산출됐는지 보겠습니다.

먼저 증여재산가액은 증여하려는 재산의 평가액입니다. 예금이라면 금액 그대로가 되겠지요. 선옥 씨는 예금 1억을 증여하였으므로 증여재산가액은 1억입니다.

증여재산가액이 결정되면 그 다음 아래 항목에 증여공제가 나옵니다. 증여한 금액 전액을 과세하는 것이 아니라 일정 금액을 빼줍니다. 증여공제의 종류로 배우자공제, 직계존비속공제, 기타친족공제가 있습니다.

종류별 공제액은 다음과 같습니다.

구분	증여공제액
배우자	6억 원
직계존비속	성년 5천만 원, 미성년자 2천만 원
기타친족	1천만 원

선옥 씨의 아들은 직계비속이고 미성년자이므로 2천만 원이 공제됩니다. 증여공제는 증여할 때마다 공제해주는 것이 아니라 10년 합산금액입니다. 배우자에게 10년 동안 증여한 합산 금액이 6억 원 이하면 전액 비과세이고, 성년인 자녀에게는 10년 동안 5천만 원이면 전액 비과세됩니다. 선옥 씨의 아들은 미성년자인 직계비속이므로 증여재산공제는 2천만 원이 됩니다.

증여재산에서 증여공제를 차감한 금액이 과세표준이 되는데 과세표준에 세율을 곱하면 산출세액이 나옵니다. 상속세와 증여세의 세액 계산 방식은 동일합니다. 상속세와 증여세는 세율을 곱할 때 단순히 과세표준 곱하기 세율이 아니라 초과누진세율을 적용하여 구간마다 곱하는 세율이 다릅니다.

1억 원이 과세표준이라면 10%를 적용한 1천만 원이 산출세액입니다. 과세표준이 1억 5천만 원이라면 1억 5천만 원 전부에 20%를 곱한 3천만 원이 아니고 1억 원까지는 그대로 10%를 적용하고 1억을 초과한 5천만 원에만 20%를 적용합니다. 그래서 과세표준 1억 5천만 원에 대한 산출세액은 2천만 원으로 계산됩니다. 초과 누진세율은 과세표준이 커질수록 세율이 높아지는데, 전체 금액이 아니라 초과금액에 대해서만 높아진 세율을 적용한다는 의미입니다.

과세표준	세율
1억 이하	과세표준의 10%
1억 초과 5억 이하	1천만 원 + 1억 초과액의 20%
5억 초과 10억 이하	9천만 원 + 5억 초과액의 30%
10억 초과 30억 이하	2억 4천만 원 + 10억 초과액의 40%
30억 초과	10억 4천만 원 + 30억 초과액의 50%

선옥 씨 아들의 과세표준은 증여재산가액 1억 원에서 2천만 원을 차감한 8천만 원이 됩니다. 1억 이하의 금액이니 10%를 곱해서 산출세액이 8백만 원 나옵니다.

산출된 산출세액에서 증여한 날이 속하는 달의 3개월 이내에 신고 납부를 하면 신고세액공제 3%를 해줍니다. 선옥 씨의 아들은 8,000,000원이 산출세액으로 나왔으므로 3%인 240,000원이 신고세액공제액입니다. 산출세액 8,000,000원에서 신고세액공제 240,000원을 차감한 7,760,000원이 자진납부세액이 되므로 이 금액을 신고 납부하면 됩니다.

배우자와 자녀에게 증여한 금액에 따른 증여세액 몇 가지 예시를 보겠습니다.

먼저 자녀에게 증여 시 증여세 산출세액 예시는 다음과 같습니다. 이미 설명한 바와 같이 자녀가 미성년자일 때와 아닐 때 증여공제 차이가 있습니다.

미성년 자녀에게 증여시

(단위: 원)

증여액 →	5천만 원	1억	5억	10억
증여재산(a)	50,000,000	100,000,000	500,000,000	1,000,000,000
(-)증여공제	20,000,000	20,000,000	20,000,000	20,000,000
(=)과세표준	30,000,000	80,000,000	480,000,000	980,000,000
(×)세율	10%	10%	20%	30%
(=)산출세액	3,000,000	8,000,000	86,000,000	234,000,000
(-)신고세액공제(3%)	90,000	240,000	2,580,000	7,020,000
(=)납부세액(b)	2,910,000	7,760,000	83,420,000	226,980,000
실질세율(b/a)	-	7.8%	16.7%	22.7%

금액이 커짐에 따라 더 높은 세율이 적용되는 초과누진세율 구조 때문에 실질세율과 적용되는 최고구간의 세율이 다른 것을 볼 수 있습니다. 1억을 증여할 때는 납부세액이 7,760,000

원으로 실질세율이 7.8%지만 10억을 증여하면 납부세액이 226,980,000원으로 실질세율이 22.7%로 급격하게 증가합니다.

성년자녀에게 증여시

증여액→	5천만 원	1억	5억	10억
증여재산(a)	50,000,000	100,000,000	500,000,000	1,000,000,000
(-)증여공제	50,000,000	50,000,000	50,000,000	50,000,000
(=)과세표준	-	50,000,000	450,000,000	950,000,000
(×)세율		10%	20%	30%
(=)산출세액	-	5,000,000	80,000,000	225,000,000
(-)신고세액공제(3%)	-	150,000	2,400,000	6,750,000
(=)납부세액(b)	-	4,850,000	77,600,000	218,250,000
실질세율(b/a)	-	4.9%	15.5%	21.8%

성인 자녀는 5천만 원 공제가 되어 5천만 원까지 증여하면 세금이 없습니다. 선옥 씨의 아들이 성년이었다면 1억에 대한 증여세가 4,850,000원 나와서 미성년일 때보다 세액이 작아집니다. 증여공제액이 크므로 미성년자에게 증여할 때보다 실질세율(b/a)이 낮아진 것을 볼 수 있습니다.

증여공제가 자녀가 미성년일 때는 10년 동안 2천만 원, 성년일 때는 10년 동안 5천만 원이라고 하였습니다. 그렇다면 미성년자일 때인 15세에 2천만 원을 주고 성년이 된 20세에 5천만 원을 준다면 증여공제는 어떻게 할까요? 미성년일 때 2천만 원 공제해주고 성년이 된 시점에 5천만 원 공제를 해주니 둘 다 세금을 안 내지 않을까요? 15세 시점에는 미성년 공제 2천만 원 증여공제를 해줌으로써 그 시점에선 세금 낼 것이 없습니다. 20세 때는 성년 자녀의 증여공제 한도에 맞춰서 5천만 원을 줬지만 5년 전에 이미 2천만 원을 준 것이 있으므로 증여공제 5천만 원 중 남은 3천만 원만 공제를 해줍니다. 성년 시점에서 과거 10년 동안 총액 5천만 원을 공제해주는 거지요.

자녀들에게 증여를 해줄 때 증여세를 내지 않고 싶다면, 10세 이전에 2천만 원 증여를 하고 10년이 지나 성년이 된 시점에 5천만 원 증여를 하게 된다면 증여세를 한 푼도 내지 않게 됩니다.

배우자에게 증여할 때는 증여공제가 커집니다. 부를 아래로 이전하는 세대이전이 아니라 수평이동으로 보기 때문입니다. 6억 공제를 해주기 때문에 6억까지는 증여세가 발생하지 않고 6억이 넘는 금액에 대해서 발생합니다. 증여금액에 따른 산출세액은 아래와 같습니다.

배우자에게 증여시

(단위: 원)

증여액 →	6억	10억	15억	30억
증여재산	600,000,000	1,000,000,000	1,500,000,000	3,000,000,000
(-)증여공제	600,000,000	600,000,000	600,000,000	600,000,000
(=)과세표준(a)	-	400,000,000	900,000,000	2,400,000,000
(×)세율	-	20%	30%	40%
(=)산출세액	-	70,000,000	210,000,000	800,000,000
(-)신고세액공제(3%)	-	2,100,000	6,300,000	24,000,000

(=)납부세액 (b)	-	67,900,000	203,700,000	776,000,000
실질세율(a/b)	-	6.8%	13.6%	25.9%

배우자에게 6억을 증여하면 배우자 증여공제가 6억까지 공제가 되므로 증여세액이 발생하지 않습니다. 10억을 배우자에게 증여하면 증여세가 67,900,000원 발생합니다. 자녀들에게 증여할 때와 마찬가지로 증여액이 커짐에 따라 실질세율이 증가하는 것을 알수 있습니다.

정리하면 미성년인 자녀에게는 2천만 원, 성년인 자녀는 5천만 원 공제가 적용되고, 배우자에게는 6억 공제가 적용됩니다. 성년인 자녀가 둘 있고 배우자가 있다면 자녀 둘의 합계 1억, 배우자 6억 해서 10년 동안 7억에 대한 증여세가 발생하지 않습니다. 30년 장기계획을 세운다면 총액 21억에 대해서 증여세 없이 증여할 수 있습니다.

그리고 증여자는 증여자 별, 수익자 별 과세라고 하였습니다. 아버지가 아들에게 1억 증여하고, 어머니가 1년 후 1억을 증여한 경우와 아버지가 1억, 할아버지가 1억 증여한 경우 세액을 비교해보겠습니다.

첫 번째 경우 아버지가 1억을 증여하고 어머니가 1년 후 1억 증여하였을 때입니다.

(단위: 원)

구 분	아버지 1억	어머니 1억(2억으로 합산신고)
증여재산가액	100,000,000	100,000,000
(+)합산기간 동일인 증여재산	-	100,000,000
(=)증여세과세가액	100,000,000	200,000,000
(-)증여재산공제	50,000,000	-
(=)과세표준	50,000,000	200,000,000
(×)세율	10%	20%
(=)산출세액	5,000,000	30,000,000
(-)증여세액공제	-	5,000,000
(-)신고세액공제(3%)	150,000	750,000
(=)납부세액	4,850,000	24,250,000

아버지와 어머니는 동일인으로 보기 때문에 아버지가 2억을 1억씩 두 번에 걸쳐서 주는 것과 세금은 같게 나옵니다.

아버지가 1억 증여하고 바로 할아버지가 1억을 증여한다면 증여자가 다르므로 각각 계산합니다. 다만 증여재산공제는 직계비속이므로 합쳐서 10년간 5천만 원(성년 기준)만 공제됩니다.

(단위: 원)

구 분	아버지 1억	할아버지 1억
증여재산가액	100,000,000	100,000,000
(+)합산기간 동일인 증여재산	-	-
(=)증여세과세가액	100,000,000	100,000,000
(-)증여재산공제	50,000,000	-
(=)과세표준	50,000,000	100,000,000
(×)세율	10%	10%
(=)산출세액	5,000,000	10,000,000
(-)증여세액공제	-	-
(-)신고세액공제(3%)	150,000	300,000
(=)납부세액	4,850,000	9,700,000

아버지가 1억 증여하고 할아버지가 1억 증여하니 증여자가 달라서 아버지와 어머니처럼 합산과세가 되지 않습니다. 그래서 아버지와 어머니가 1억씩 증여한 경우보다 14,550,000원(24,250,000원 - 9,700,000원)이 낮게 나옵니다. 아들 입장에서는 2억을 증여받는 것은 동일하지만 누가 주느냐 따라서 이렇게 세액이 차이가 납니다.

자녀에게 직계존속(아버지, 어머니, 할아버지, 할머니, 외할아버지, 외할머니)이 동시에 증여하고 싶을 때는 아버지와 어머니, 할아버지와 할머니, 외할아버지와 외할머니는 동일인으로 봐서 합산과세하므로 아버지와 할아버지, 할아버지와 외할아버지 이렇게 증여자를 다르게 해서 증여해야 합산과세가 되지 않습니다.

한편 증여세도 상속세와 같이 거주자와 비거주자의 차이가 있습니다. 거주자에게 증여할 때는 국내외의 모든 재산을 증여재산에 포함하고 증여재산공제를 적용하지만, 비거주자는 국내의 증여재산만 포함하고 증여재산공제는 적용하지 않습니다. 즉 외국에 있는 자녀(비거주자)에게 증여를 하면 거주자에게 적용되는 성년 5천만 원, 미성년 2천만 원 공제가 되지 않습니다.

거주자와 비거주자에게 각각 1억을 증여했을 때 납부세액을 계산해보겠습니다.

구 분	거주자에게 1억 증여	비거주자에게 1억 증여
증여재산가액	100,000,000	100,000,000
(-)증여재산공제	50,000,000	-
(=)과세표준	50,000,000	100,000,000
(×)세율	10%	10%
(=)산출세액	5,000,000	10,000,000
(-)신고세액공제(3%)	150,000	300,000
(=)납부세액	4,850,000	9,700,000
절세액	4,850,000	

거주자에게 1억 원을 증여할 때에 비해 비거주자에게 증여하니 4,850,000원이 더 나오는 것을 볼 수 있습니다. 비거주자는 증여재산 공제가 안 되어 이런 결과가 나왔습니다.

지금까지 여러 가지 증여의 경우에 납부세액 계산하는 것을 알아봤는데요, 그러면 이렇게 계산된 증여세를 언제, 어디에 신고하고 납부할까요?

증여를 받은 날이 속하는 달의 말일부터 3개월 이내입니다. 선옥 씨의 아들 명의로 2019년 7월에 증여를 받았다면 2019년 10월 31일까지 선옥 씨 아들의 주소지 관할 세무서에 증여세를 신고 납부하여야 합니다. 주의할 사항으로 선옥 씨 아들이 증여세 납부의무자이니 아들의 통장에서 세금납부가 이루어져야 합니다. 선옥 씨가 대신 내주면 그 금액에 대해서도 원칙적으로는 증여세가 부과됩니다.

9년 전 준 1억과 지금 주는 1억, 증여세도 같겠지?

_증여세 10년 합산과세

선옥 씨의 아들이 건강하게 자라서 이제 고3이 되었다. 공부도 잘하고 착하게 자라준 아들이 고맙다. 선옥 씨도 밝고 싹싹한 성격에 사업수완이 좋아 그사이 돈을 제법 많이 모았다. 열심히 고3 수험생활을 하고 있는 아들에게 몇 년 전 만들어준 그 통장에 또 돈을 넣어주고 싶다. 9년 전에 아들에게 1억을 주면서 증여세 7,760,000원을 아들 통장에서 납부한 것을 기억하고 있던 터라 이번에도 그 금액 그대로 납부하면 되겠지 생각한 선옥 씨는 국세청에서 증여세 신고 서식을 다운받아 아들 명의로 작성하고 납부세액 7,760,000원을 아들 통장에서 주소지 관할 세무서 계좌로 이체했다. 직접 신고, 납부까지 하니 무언가 이루어낸 느낌이라 뿌듯하기만 하다.

자녀들에게 한 번 증여한 후 다시 증여하는 경우가 많습니다. 같은 금액을 증여하면 증여세 금액도 같을 거라고 생각들을 하시는데 그렇지 않습니다. 증여세는 10년 동안 합산과세로 동일인(직계존속인 경우에는 직계존속의 배우자도 포함)으로부터 증여받은 가액이 1천만 원 이상인 경우 10년 동안의 금액을 합산해서 적용합니다. 합산한 금액으로 세율을 적용하니 더 높은 구간의 세율을 적용받아 첫 번째보다 더 많은 세액이 계산됩니다.

(단위: 원)

구 분	최초 1억	9년 후 추가 1억
증여재산가액	100,000,000	100,000,000
(+)합산기간 동일인 증여재산	-	100,000,000
(=)증여세과세가액	100,000,000	200,000,000
(-)증여재산공제	20,000,000	20,000,000
(=)과세표준	80,000,000	180,000,000
(×)세율	10%	20%
(=)산출세액	8,000,000	26,000,000
(-)증여세액공제	-	8,000,000
(-)신고세액공제(3%)	240,000	450,000
(=)납부세액	7,760,000	14,550,000

선옥 씨의 아들에게 9년 전 1억을 증여하고 현재 1억을 재차 증여하였습니다. 직계존비속의 합산기간인 10년 이내이므로 두 금액을 합한 2억이 증여세과세가액이 됩니다. 즉 2억을 한 번에 받은 것으로 가정하여 증여세액을 산출합니다. 두 금액을 합산

하고 미성년 직계비속 증여공제금액인 2천만 원을 차감하니 과세표준이 1억 8천만 원이 됩니다. 과세표준이 1억 원을 초과해서 이번에는 1억 초과금액에 대해서는 20%의 세율을 적용받습니다. 그리고 9년 전 계산한 산출세액을 차감하여 납부세액을 구합니다. 최초에 낸 금액 7,760,000원에 비해서 두 배 가까이 증가한 14,550,000원이 이번에 납부할 세액입니다. 같은 금액을 증여했는데 합산해서 높은 세율을 적용하다 보니 이런 결과가 나왔습니다. 결국 선옥 씨 아들 앞으로 차액 부분에 대한 세금에 가산세까지 붙어서 세금고지서가 날아오겠지요. 직계존속으로부터 받은 증여금액은 10년 합산한다는 것을 몰랐던 선옥 씨는 전문가와 상의 없이 혼자 한 행동을 이제서야 후회합니다.

선옥 씨가 1년만 더 있다가 증여하였다면 생각한 대로 증여세 신고는 종료되었을 겁니다. 배우자와 직계비속에게 증여받은 금액은 10년간 합산하니 10년이 지난 시점에 증여했으면 첫 번째 증여시 납부했던 증여세와 동일한 7,760,000원을 납부하면 됩니다.

(단위: 원)

구 분	최초 1억	10년 지난 후 추가 1억
증여재산가액	100,000,000	100,000,000
(+)합산기간 동일인 증여재산	-	-
(=)증여세과세가액	100,000,000	100,000,000
(-)증여재산공제	20,000,000	20,000,000
(=)과세표준	80,000,000	80,000,000
(×)세율	10%	10%
(=)산출세액	8,000,000	8,000,000

(-)증여세액공제	-	-
(-)신고세액공제(3%)	240,000	240,000
(=)납부세액	7,760,000	7,760,000

증여재산공제도 미성년 자녀공제 2천만 원을 동일하게 적용하면 1차 증여와 2차 증여의 세액이 같게 나옵니다. 10년이 지난 시점이니 합산하지 않고 계산하니 이런 결과가 나왔습니다. 1년만 더 있다가 증여했으면 좋았을 텐데요.

합산기간 내 증여냐 아니냐에 따른 세금 차이는 아래와 같습니다.

(단위: 원)

구분	금액
10년 합산 기간 이내에 재차 1억 증여했을시 증여세액	14,550,000
10년 합산 기간 이후에 재차 1억 증여했을시 증여세액	7,760,000
세액 차이	6,790,000

증여금액을 키워보겠습니다. 선옥 씨가 어느덧 60대가 되었고 화장품 매장 프랜차이즈 창업으로 사업이 크게 성공하였습니다. 아들도 성인이 되어 이제 증여와 상속계획을 세웁니다. 재산이 제법 되는 선옥 씨가 사망하게 되면 상속세가 꽤 나올 것 같습니다. 그래서 장기계획으로 10억씩 두 번 증여하려고 합니다. 아들이 고3일 때 선옥 씨가 직접 작성하고 납부까지 한 증여세에 대한 추징 세금고지서를 받고 놀란 적이 있어 이번에는 주의합니다. 10년이 지난 시점에 10억 증여를 하면 증여세가 이렇게 나옵니다.

구 분	최초 10억
증여재산가액	1,000,000,000
(+)합산기간 동일인 증여재산	-
(=)증여세과세가액	1,000,000,000
(-)증여재산공제	50,000,000
(=)과세표준	950,000,000
(×)세율	30%
(=)산출세액	225,000,000
(-)증여세액공제	-
(-)신고세액공제(3%)	6,750,000
(=)납부세액	218,250,000

아들이 고3일 때 증여하고 나서 다른 증여는 없었습니다. 이 번 증여가 고3때 증여 후 10년이 지난 시점이므로 그 금액은 합 산하지 않습니다. 10억 원에 대해서 세금을 계산하니 납부세액 이 218,250,000원이 나오는군요.

구 분	최초 10억	10년 내 추가 10억
증여재산가액	1,000,000,000	1,000,000,000
(+)합산기간 동일인 증여재산		1,000,000,000
(=)증여세과세가액	1,000,000,000	2,000,000,000
(-)증여재산공제	50,000,000	50,000,000
(=)과세표준	950,000,000	1,950,000,000
(×)세율	30%	40%
(=)산출세액	225,000,000	620,000,000
(-)증여세액공제	-	225,000,000
(-)신고세액공제(3%)	6,750,000	11,850,000
(=)납부세액	218,250,000	383,150,000

선옥 씨가 10년 이내에 또 10억을 증여한다면 이번에는 383,150,000원이 나옵니다. 합산과세 때문에 1차 증여 때보다 164,900,000원 더 나오게 됩니다. 앞선 1억 10년 이내 재차 증여보다 훨씬 세액 차이가 큽니다.

(단위: 원)

구분	금액
10년 합산기간 이내에 재차 10억 증여했을시 증여세액	383,150,000
10년 합산기간 이후에 재차 10억 증여했을시 증여세액	218,250,000
세액 차이	164,900,000

증여계획을 세운다면 금액이 클수록 반드시 10년이 지난 후에 재차증여를 계획을 세워야 합니다.

이번에는 선옥 씨가 30억을 한꺼번에 증여하는 것과 장기간에 걸쳐 10년에 10억씩 세 번 증여할 때 발생하는 증여세 금액을 보겠습니다.

(단위: 원)

구 분	30억 증여
증여재산가액	3,000,000,000
(+)합산기간 동일인 증여재산	-
(=)증여세과세가액	3,000,000,000
(-)증여재산공제	50,000,000
(=)과세표준	2,950,000,000
(×)세율	40%
(=)산출세액	1,020,000,000
(-)증여세액공제	-
(-)신고세액공제(3%)	30,600,000
(=)납부세액	989,400,000

구분	금액
30억을 한 번에 증여 할 때 증여세액	989,400,000
10년 합산 기간 이후에 10억씩 세 번 증여했을시 증여세액	218,250,000 × 3 = 654,750,000
세액 차이	334,650,000

30억을 한번에 증여하는 것보다 10년에 한 번씩 세 번 증여하는 것이 334,650,000원이 절세되니 증여는 장기간에 걸쳐 여러 번 하는 것이 유리합니다. 다시말해 증여세 산정 시 10년 합산규정과 초과누진세율 구조 때문에 합산이 안 되도록 10년 이상 간격을 두고 분할해서 증여하는 것이 증여세 절세의 핵심입니다.

자넨 사위가 아니라 아들이야

_분산증여를 통한 절세전략

미옥 씨에게는 시집간 딸이 있다. 딸과 사위는 손자와 함께 화목한 가정을 이루고 살고 있다. 딸 부부는 식당을 운영하고 있는데 요즘 불경기라 장사가 잘 되지 않는다. 미옥 씨는 여유자금이 있어 어려워진 딸에게 증여를 해주고 싶다. 어차피 자녀들에게 상속할 재산이니 힘든 상황에서 미리 주는 것도 괜찮아 보인다. 3억을 주려고 하는데 증여세가 너무 많이 나올 듯하다. 좋은 방법이 없을까?

부모가 생전에 증여를 해주는 경우가 점차 늘어나고 있습니다. 집 살 때 지원해주거나, 사업자금으로 도와주기도 합니다. 나중에 부모가 죽으면 상속을 받을 자녀들이기 때문에 돈이 필요한 시기에 주는 것도 괜찮다는 생각입니다. 하지만 증여를 해줄지 말지, 누구에게 할지, 언제 할지 등등 결정해야 할 사항이 참 많습니다. 세금 걱정도 되고요. 그래서 증여할 마음은 있어도 실제 실행이 어렵기도 합니다. 이런 이유 때문에 돈이 필요한 상황이 닥쳐서 급하게 증여해주는 경우도 많습니다. 미옥 씨의 경우 일단 3억을 증여하면 증여세가 얼마나 나오는지 보겠습니다.

(단위: 원)

구 분	딸에게 3억 증여
증여재산(a)	300,000,000
(-)증여재산공제	50,000,000
(=)과세표준	250,000,000
(×)세율	20%
(=)산출세액	40,000,000
(-)신고세액공제(3%)	1,200,000
(=)납부세액(b)	38,800,000
실질세율(b/a)	12.9%

딸에게 3억을 증여하니 납부세액으로 38,800,000원이 나오네요. 꽤 큰 금액입니다.

장모가 아내에게만 증여한다는 얘기에 사위가 말합니다.

"장모님 저는요?"

미옥 씨는 아차 싶습니다. 평소 "자넨 사위가 아니라 아들이야" 하면서 가깝게 지내왔는데 딸에게 전부 증여하자니 사위의 눈치가 보입니다. 워낙 사이 좋은 딸 부부라 사위와 절반씩 나눠주는 것도 괜찮아 보입니다. 그렇게 증여하면 세금 혜택도 있다고 하니 일석이조입니다. 세금 혜택이 생기는 것은 앞서 봤듯이 초과누진세율 구조 때문에 그렇습니다. 여러 명에게 분산해서 증여하면 최고세율 적용구간이 낮아져서 적용받는 최고세율이 낮아집니다.

(단위: 원)

구 분	딸에게 1억 5천	사위에게 1억 5천	합계
증여재산(a)	150,000,000	150,000,000	300,000,000
(-)증여재산공제	50,000,000	50,000,000	100,000,000
(=)과세표준	100,000,000	100,000,000	200,000,000
(×)세율	10%	10%	10%
(=)산출세액	10,000,000	10,000,000	20,000,000
(-)신고세액공제(3%)	300,000	300,000	600,000
(=)납부세액(b)	9,700,000	9,700,000	19,400,000
실질세율(b/a)	6.5%	6.5%	6.5%

둘에게 나눠서 증여하니 납부세액 19,400,000원이 나오는군요. 3억을 딸에게만 증여할 때와 1억 5천만 원씩 딸과 사위에게 분할해서 증여하는 것을 비교해서 보겠습니다.

(단위: 원)

구분	한 명 증여	두 명 증여(합산)
증여재산(a)	300,000,000	300,000,000
증여세 과세표준	250,000,000	200,000,000
최고적용세율	20%	10%
납부세액(b)	38,800,000	19,400,000
실질세율(b/a)	12.9%	6.5%
절세액	-	19,400,000

딸과 사위에게 1억 5천만 원씩 증여하니 각각 5천만 원 공제를 받아서 과세표준이 1억씩, 합계가 2억입니다. 3억을 딸에게만 증여할 때에는 증여공제가 5천만 원만 되지만 딸과 사위 둘에게 하니 둘 다 5천만 원씩 공제가 되어 총 1억이 공제됩니다. 절반씩 나눠서 증여하니 과세표준이 줄고 최고적용세율도 줄어들어 절세액이 19,400,000원입니다. 사위의 사랑도 받고 절세도 되니 일거양득입니다.

두 명에게 분산해서 증여하면 한 명에게 증여하는 것보다 절세가 되는 걸 보았습니다. 그러면 손자에게까지 주면 어떻게 될까요? 세 명에게 나눠서 증여를 하면 세 명의 과세표준이 더 낮아지겠지요. 손자를 성인으로 가정하고 계산해보겠습니다. 그런데 손자는 세대생략증여이므로 세액에 30%가 가산됩니다.

(단위: 원)

구 분	딸에게 1억	사위에게 1억	손자에게 1억	합계
증여재산(a)	100,000,000	100,000,000	100,000,000	300,000,000
(-)증여재산공제	50,000,000	50,000,000	50,000,000	150,000,000
(=)과세표준	50,000,000	50,000,000	50,000,000	150,000,000
(×)세율	10%	10%	10%	10%
(=)산출세액	5,000,000	5,000,000	5,000,000	15,000,000
(+)세대생략할증	-	-	1,500,000	1,500,000
(-)신고세액공제(3%)	150,000	150,000	195,000	495,000
(=)납부세액(b)	4,850,000	4,850,000	6,305,000	16,500,000
실질세율(b/a)	4.8%	4.8%	6.3%	5.5%

딸에게 증여, 딸과 사위 증여, 딸과 사위, 손자까지 세 명 증여를 비교해서 보면 다음과 같습니다.

(단위: 원)

구분	한 명 증여	두 명 증여(합산)	세 명 증여(합산)
증여재산(a)	300,000,000	300,000,000	300,000,000
증여세 과세표준	250,000,000	200,000,000	150,000,000
최고적용세율	20%	10%	10%(13%)
납부세액(b)	38,800,000	19,400,000	16,500,000
실질세율(b/a)	12.9%	6.5%	5.5%
절세액	-	19,400,000	22,300,000

　세 명에게 증여하니 절세액이 더 커지는 것을 볼 수 있습니다. 손자에게 증여한 부분은 세대생략증여에 해당되어 30% 할증되었으나 한 명분 증여공제 5천만 원이 추가되면서 과세표준이 줄어 절세가 됩니다. 이렇게 여러 명에게 분산해서 증여하는 것이 절세 측면에서 유리합니다.

　앞서 10년 이상의 간격으로 여러 번 증여하는 것이 절세되는 것을 설명드렸는데 이번엔 같은 금액을 한 명보다 여러 명에게 분산증여하는 것이 유리한 것을 알 수 있습니다. 3억을 한 명에게 증여할 때보다 두 명에게 나눠서 증여하니 19,400,000원이 절세되었고 손자까지 세 명에게 증여하니 딸에게만 3억 줄 때보다 22,300,000원이 절세되었습니다.

　앞 장에서 본 시기를 분산해서 한 증여처럼 여러 사람에게 분산해서 증여할 때도 절세효과를 볼 수 있습니다. 이 둘을 함께 한다면 그 효과는 훨씬 커지게 됩니다.

손자에게 증여하면
세금이 할증된다고요?

_증여세 세대생략 할증

우석 씨는 중소기업을 운영해서 많은 돈을 벌었다. 아들도 사업을 하고 있어 경제적으로 여유가 있는 편이다. 아들 가족에게 증여를 해주고 싶은데 아들에게 주는 것보다는 막 사회생활을 시작하는 손자에게 주는 것이 뜻 깊을 것 같다. 그리고 세금 측면에서도 아들에게 주면 아들이 증여세를 내고 나중에 손자가 받을 때 또 증여세를 내게 되어 같은 3억에 대해서 증여세를 두 번 내는 셈이니 바로 손자에게 주는 것이 낫겠다는 생각이 든다. 3억의 현금을 손자에게 직접 줄 때와 아들이 3억을 받고 손자에게 줄 때 각각의 세금은 얼마나 나오며 어떤 것이 유리할까?

100세시대라고들 합니다. 수명이 길어져서 3대는 물론 증조부모까지 생존해 있는 4대 가족도 많이 있습니다. 이러다 보니 손자에게 증여해줄 세대도 부모, 조부모, 증조부모까지 있는 경우도 있습니다. 할아버지가 아들에게 증여를 해주고 아들이 다시 자신의 아들에게 증여해줄지, 할아버지가 아들을 거치지 않고 손자에게 바로 증여를 해줄지 선택할 상황이 생깁니다. 아들은 밉고 손자는 이뻐서 손자에게 주고 싶은 경우도 있겠지만 여기서는 절세효과만 보겠습니다.

3억을 아들에게 주고 다시 손자에게 주는 순차증여와 손자에게 바로 3억을 증여해주는 경우를 비교해보겠습니다. 앞에서 설명한 대로 증여재산가액에서 증여재산공제를 차감한 과세표준에 세율을 곱하는 것은 동일합니다. 그런데 아들을 거치지 않고 손자에게 바로 증여해줄 때는 할증세액을 가산합니다. 만약 아들이 사망하며 없을 때에는 손자에게 증여해도 할증을 하지 않습니다.

할증세액은 산출세액에 30%를 가산하는데 미성년 손자에게 20억 초과금액을 증여할 때는 40%가 붙습니다. 손자에게 3억을 증여해서 산출세액이 4천만 원이 나왔다면 4천만 원의 30%인 1천2백만 원을 가산해서 5천2백만 원이 산출세액이 되는 거지요.

과거 10년 동안 손자에게 다른 증여는 없고, 손자가 미성년자가 아닐 경우를 가정해서 각각의 경우 증여세액을 계산해보겠습니다.

구 분	순차 증여시		할아버지→손자
	할아버지→ 아들	아들 → 손자	
증여재산가액	300,000,000	300,000,000	300,000,000
(-)증여재산공제	50,000,000	50,000,000	50,000,000
(=)과세표준	250,000,000	250,000,000	250,000,000
(×)세율	20%	20%	20%
(=)산출세액	40,000,000	40,000,000	40,000,000
(+)할증세액(30%)	-	-	12,000,000
(=)산출세액 합계	40,000,000	40,000,000	52,000,000
(-)신고세액공제(3%)	1,200,000	1,200,000	1,560,000
(=)납부세액	38,800,000	38,800,000	50,440,000
합계	77,600,000		50,440,000

할아버지가 손자에게 증여(할아버지 → 손자)하면 할증이 되어 아들에게 주는 것(할아버지 → 아들)보다 세금이 11,640,000원 많이 나옵니다(50,440,000원 - 38,800,000원). 그러나 아들이 증여받고 추후에 손자에게 주는 경우의 증여세 합계액보다 27,160,000원(77,600,000원 - 50,440,000원) 작게 나옵니다. 이렇게 할아버지가 손자에게 증여하는 세대생략증여의 경우에 30%(40%)의 할증이 되더라도 두 번 증여세를 내는 것보다는 절세가 됩니다. 부동산과 같이 취득세를 납부해야 될 자산인 경우에는 한 번만 취득세를 내면 되니 절세효과가 더 크겠지요.

요즘 손자에게 증여하는 사례가 늘고 있습니다. 미성년자가 보유하고 있는 상장주식의 시가총액이 2019년 현재 2조 원을 넘어섰습니다. 주로 대기업 오너인 할아버지가 손자에게 증여한 주식입니다. 할증세액이 붙어도 직접 손자에게 증여하는 것이 더 유리해서 나타나는 현상입니다. 그리고 앞 장에서 설명한 바와 같이 분산증여의 효과도 있습니다. 증여세는 초과누진세율이 적용되므로 증여받는 수증자를 여러 명으로 분산하면 더 낮은 세율을 적용받습니다.

할아버지가 손자에게 3억을 줬고 얼마 후 아들이 손자에게 1억을 주는 경우라면 세금신고는 어떻게 해야 할까요? 증여세는 증여자 별, 수증자 별 과세를 한다고 하였습니다. 할아버지가 손자에게 증여했을 때 손자가 증여세 신고를 해야 하고, 아버지에게서 받았을 때 또 증여세 신고를 하여야 합니다. 할아버지가 아니고 아버지에게 받는 것이니 5천만 원 증여재산공제를 또 받을 수 있을까요? 10년 합계로 5천만 원을 공제해주는데 직계존비속은 합산해서 적용합니다. 할아버지가 증여할 때 증여재산공제 5천만 원 전액 공제를 받았다면 10년 이내 아버지에게 받을 때에는 증여재산공제를 받지 못합니다. 그래서 1억에 대한 산출세액 1천만 원이 계산되고 신고세액공제 3%를 차감한 9백7십만 원을 납부하여야 합니다.

그리고 이러한 세대생략을 통한 증여를 하는 경우 먼저 손자가 증여세를 납부할 능력이 있는지 알아야 합니다. 할아버지나 아버지가 증여를 하고 증여세까지 납부해주는 경우가 많은데 원칙적으로는 증여세 대납액도 '증여'가 됩니다. 증여세는 증여받은 사람이 그 증여받은 금액에 대해서 내는 세금이니 그렇습니다. 만약에 할아버지가 손자에게 부동산을 증여한다면, 아버지는 현금을 증여해서 증여세 납부재원으로 사용하게 하시는 게 좋습니다. 할아버지가 손자에게 준 증여, 아들이 손자에게 준 증여는 합산하지 않고 각각 계산을 하니 할아버지가 증여세 납부재원까지 증여해주는 것보다는 절세효과가 있습니다.

정리하면, 할아버지가 아들을 거치지 않고 손자에게 증여할 때는 할증과세(30% 또는 40%)가 됩니다. 그러나 할아버지가 아들에게 증여할 때 증여세를 납부하고 아들이 손자에게 증여할 때 또 증여세를 납부해서 두 번 내는 것보다 절세효과가 있습니다. 부동산을 증여한다면 취득세도 한 번만 내면 되니까 일석이조의 효과가 있습니다. 단 증여세까지 납부해준다면 그 금액까지 증여로 보게 되므로 할아버지가 부동산 등 큰 금액의 증여할 때 증여세 납부재원은 아버지가 증여를 하는 것이 절세 측면에서 유리합니다.

아파트, 증여하지 말고
아들에게 싸게 팔아라고요?

_저가양도로 증여하기

서울에 사는 승화 씨는 자기가 살던 아파트를 결혼한 아들에게 증여해주고 자신은 작은 아파트를 사서 노후를 보내려고 한다. 10여 년 전에 3억 주고 샀는데 그동안 많이 올라서 시세가 10억이라고 한다. 그대로 증여를 해주려니 증여세가 많이 나올 것 같아 망설이고 있다.

　요즘 아파트 값이 많이 올랐습니다. 젊은 사람들이 월급 받아서 생활비 쓰고 한 푼 두 푼 모은 돈으로 사기엔 불가능한 금액이 되었죠. 그래서 부모세대들이 자신들이 살던 아파트를 자녀에게 증여하고 자신들은 귀향을 하거나 작은 아파트로 이사하는 경우가 많습니다. 아파트 값이 올라서 좋기는 한데 증여할 때는 증여세, 양도할 때는 양도세 등 세금도 같이 따라 오르니 이건 골치 아픕니다. 일단 자녀에게 10억짜리 아파트를 증여하는 경우 증여세를 계산해보겠습니다.

(단위: 원)

구 분	10억 아파트 증여
증여재산가액	1,000,000,000
(-)증여재산공제	50,000,000
(=)과세표준	950,000,000
(×)세율	30%
(=)산출세액	225,000,000
(-)신고세액공제(3%)	6.750,000
(=)납부세액	218,250,000

10년 동안 아들에게 증여한 다른 재산이 없다면 5천만 원 증여재산공제를 받아서 산출세액으로 225,000,000원이 계산되는데 증여 일이 속한 달의 말일부터 3개월 이내 신고하면 신고세액공제를 받아서 납부세액은 218,250,000원입니다. 세금으로 결코 적은 금액이 아니지요. 10억 아파트를 아들 이름으로 명의 이전해주는데 2억여 원이 드는 셈입니다. 취득세(증여시는 공시가격의 3.8%~4%)까지 감안하면 세금 부담은 더 커집니다.

증여 이외에 아파트 명의를 아들 이름으로 바꿔줄 수 있는 방법은 없을까요? 아무런 세무 신고 없이 명의만 바꾸면 당연히 세무서에서 가만있지 않습니다. 가산세까지 포함된 증여세 고지서가 곧 날아올 겁니다.

적법하게 명의 이전하는 대표적인 방법은 양도입니다. 그런데 아버지가 아들에게 양도를 한다니 조금 의심스럽긴 합니다. 실제로 돈을 주고 받지도 않으면서 증여가 아닌 양도 형식으로 신고를 하고, 또한 아버지가 살던 아파트가 1세대 1주택에 해당된다면 양도세도 전혀 내지 않고 명의 이전할 수 있습니다. 그래서 세법에도 규정이 있습니다. '배우자 또는 직계비속에게 양도한 재산은 양도자가 그 재산을 양도한 때에 그 재산의 가액을 배우자 등이 증여받은 것으로 추정한다'는 규정인데요, 유상으로 이전하였다는 것을 입증하면 진실한 양도로 인정하여 증여세가 아닌 양도소득세를 양도자에게 부과하고, 양도로 신고하였지만 대가지급 사실을 입증하지 못하면 양도로 보지 않고 양수자에게 그 재산가액에 대해 증여세를 부과하겠다는 것입니다.

쉽게 말하면 10억 아파트를 양도 형태로 넘기더라도 실제로 오간 돈이 없다면 증여세를 부과하고, 양도 사실을 입증하면 양도 거래로 인정해주겠다는 말입니다. 사실 부모 입장에서도 전 재산이나 마찬가지인 아파트를 오롯이 다 내주자니 부담스럽습니다. 부모도 노후 생활자금이 있어야 하니까요. 이럴 때 좋은 방법이 있습니다. 증여를 하는 것이 아니라 아들에게 싸게 파는 겁니다. 아들이 자신의 돈으로 사거나 아니면 대출받아서 사면 부모 입장에서 현금 확보도 하면서 자녀에게 소유권을 넘길 수 있습니다. 가진 재산이 거의 아파트가 전부인데 다 주자니 부담스럽고 싸게 팔아서 증여효과도 있으니 괜찮은 방법입니다.

그러면 10억 아파트를 5억에 판다고 가정을 해보지요. 5억을 실제로 받았으니 그 5억 만큼은 양도에 해당합니다. 1세대 1

주택에 해당한다면 일반적으로 양도세 부담은 없습니다. 그러면 증여한 금액은 얼마일까요? 10억짜리 아파트를 5억에 팔았으니 5억일까요? 아닙니다. 세법이 그렇게 야박하지는 않습니다. 여기에서 증여에 해당하는 금액은 다음과 같이 계산됩니다.

계산식을 보면 시가와 양수대가 차이 금액에서 일정액을 차감해주는데 시가의 30%와 3억 중 작은 금액을 차감합니다. 위의 예에서 시가와 양수대가의 차이는 5억(시가 10억 - 양수대가 5억)으로 계산됩니다. 차감할 금액은 시가의 30%인 3억과 한도액 3억 중 작은 금액인데 여기서는 동일하게 3억이 나오므로 3억이 차감할 금액입니다. 그러므로 5억에서 3억을 차감한 2억이 증여재산가액이 됩니다.

증여재산가액 2억에 대한 증여세를 산출해보겠습니다.

(단위: 원)

구 분	10억 아파트 5억에 양도
증여재산가액	200,000,000
(-)증여재산공제	50,000,000
(=)과세표준	150,000,000
(×)세율	20%
(=)산출세액	20,000,000
(-)신고세액공제(3%)	600,000
(=)납부세액	19,400,000

10억 아파트를 증여하면 증여세가 2억 원이 넘게 나왔는데 저가양도 형태를 취하니 증여세 산출세액이 2천만 원입니다. 물론 양도 형태로 해서 5억을 현금으로 받았으니 완전히 증여한

것은 아니지만 당장 세금은 10분의 1로 줄었습니다.

저가양도를 하면 위의 예시처럼 시가와 양도가액의 차이 5억 전액이 증여재산가액이 되는 것이 아니고 3억을 차감한 2억만 증여재산가액이 됩니다. 거기다 1세대 1주택으로 양도세 비과세 혜택까지 있어서 세금이 대폭 절감되는 효과가 있습니다(여기서는 증여효과만 보는 것으로, 양도소득세 부당행위계산 부인으로 인해 과세될 수 있는 1세대 1주택에 해당하는 고가주택의 9억 원 초과 부분에 대한 양도세는 고려하지 않았습니다).

다른 금액으로 예시를 들어보겠습니다. 12억 시가의 아파트와 8억 아파트를 그대로 증여하는 경우와 각각 절반 가격에 저가양도하는 경우 세액을 비교해보겠습니다.

(단위: 원)

구 분	12억 아파트 증여	8억 아파트 증여
증여재산가액	1,200,000,000	800,000,000
(-)증여재산공제	50,000,000	50,000,000
(=)과세표준	1,150,000,000	750,000,000
(×)세율	40%	30%
(=)산출세액	300,000,000	165,000,000
(-)신고세액공제(3%)	9,000,000	4,950,000
(=)납부세액(a)	291,000,000	160,050,000

(단위: 원)

구 분	12억 시가 아파트를 6억에 양도	8억 시가 아파트를 4억에 양도
시가(A)	1,200,000,000	800,000,000
양수대가(B)	600,000,000	400,000,000
시가와 양수대가 차이(A - B)(가)	600,000,000	400,000,000
시가 × 30%(C)	360,000,000	240,000,000

Min(C,3억) (나)	300,000,000	240,000,000
증여재산가액(가 - 나)	300,000,000	160,000,000
(-)증여재산공제	50,000,000	50,000,000
(=)과세표준	250,000,000	110,000,000
(×)세율	20%	20%
(=)산출세액	40,000,000	12,000,000
(-)신고세액공제(3%)	1,200,000	360,000
(=)납부세액	38,800,000	11,640,000

시가 12억 아파트를 6억에 판 경우 시가와 양수대가의 차이는 6억입니다. 시가 12억의 30%는 3억 6천만 원이므로 차감해주는 금액의 한도인 3억까지만 공제를 해줍니다. 그래서 증여재산가액은 6억에서 3억을 차감한 3억이 됩니다.

시가 8억 아파트를 4억에 판 경우는 시가와 양수대가의 차이가 4억입니다. 시가 8억의 30%는 2억 4천만 원으로 한도 3억 이내이므로 2억 4천만 원을 공제합니다. 이번엔 증여재산가액이 4억에서 2억 4천만 원을 차감한 1억 6천만 원이 계산됩니다. 각각 납부세액을 계산하면 38,800,000원과 11,640,000원이 계산됩니다. 증여를 했다면 12억 아파트는 증여세 납부세액이 291,000,000원, 8억 아파트는 160,050,000원이 되니 저가양도를 했을 때와 세금 차이가 매우 큽니다.

(단위: 원)

구 분	12억 아파트	8억 아파트
전부 증여시 납부세액(a)	291,000,000	160,050,000
절반 가격으로 저가양도시 증여세액 (b)	38,800,000	11,640,000
전부 증여와 저가양도시 세금차이(a - b)	252,200,000	148,410,000

물론 저가양도는 아파트 전부를 증여로 넘기는 것이 아니라 절반만 증여하는 것이므로 단순 비교는 어렵습니다. 실제는 12억과 8억 아파트를 각각 절반 가격으로 저가양도 시 증여하는 금액은 각각 6억과 4억이 되지만 증여세 계산시 증여재산가액이 3억과 1억 6천으로 계산되어 절세효과를 보는 것입니다.

(단위: 원)

구 분	12억 아파트	8억 아파트
전부 증여한다면 증여재산가액	1,200,000,000	800,000,000
절반가격으로 저가양도할 때 시가와 양수대가 차이	600,000,000	400,000,000
절반가격으로 저가양도할 때 증여재산가액	300,000,000	160,000,000

시세보다 엄청 싼 아파트가 거래되었다는 뉴스가 심심찮게 나오고 있습니다. 대부분 위와 같이 증여가 포함된 양도 거래입니다. 자녀들에게 아파트를 마련해줄 때 쓸 수 있는 방법이니 이런 저가양도의 거래 형태는 점점 늘어날 것입니다. 다만 주의할 것이 1세대 1주택이라도 고가주택은 양도세 부당행위계산 부인이 적용되어 양도소득세를 납부하게 될 수 있습니다. 9억 이상의 고가 아파트라면 이 점을 고려하여야 합니다. 또한 1세대 1주택이 아닌 주택이나 상가를 가족에게 저가양도할 때는 양도대가를 시가로 해서 양도소득세를 계산합니다. 즉, 1세대 1주택이 아니니 양도자(증여자) 입장에서 시가 기준으로 양도세를 내게 되고 저가양도 받은 자녀는 또 증여세를 내니 세금을 잘 고려해서 판단하여야 할 것입니다.

아내한테 증여했다가 땅 팔면 양도세가 확 줄어든다는데…

_증여 후 양도를 통한 절세

진수 씨는 10년 전 1억에 땅을 샀다. 신도시 개발 발표로 인해 지금은 공시지가만 6억이고 인근 공인중개사 말로는 9억 정도가 시세라고 한다. 그런데 양도를 한다면 양도차익이 8억(9억 - 1억)이나 되니 세금 낼 일이 걱정이다. 그러던 중 지인으로부터 부인에게 하는 증여는 6억까지 비과세라는 말을 들었다. 그리고 상속이나 증여를 하면 상속증여 시 평가액이 나중 양도할 때 취득가액이 된다고 한다. 그래서 머리를 굴린 결과 묘안을 얻었다. 부인에게 일단 증여를 한다. 증여 시 평가액은 개별공시지가 6억이니 배우자 증여재산공제 6억을 하면 증여세 낼 것은 없다. 그리고 9억에 양도하면 양도차익은 3억이 되니, 그대로 양도했다면 8억이 될 것이 3억으로 낮아져 세금도 확 줄어들 것이다. 진수 씨는 자기가 생각해도 너무나 완벽한 묘안에 흐뭇하기만 하다.

배우자에게 증여하면 6억까지 배우자상속공제를 해줍니다. 단 10년 동안의 합산 금액입니다. 즉, 배우자에게 9년 전 5억 증여해준 것이 있다면 이번 증여에선 1억만 해줍니다. 진수 씨가 배우자에게 증여한 토지는 10년 동안 다른 증여가 없다면 6억 공제해서 증여세 낼 것이 없는 것이 맞습니다. 그리고 부인이 양도를 할 때 취득가액도 진수 씨가 산 1억이 아니라 증여받을 때 평가액 6억이 됩니다. 단, 증여받고 5년이 지난 시점에 양도할 때 그렇습니다. 5년이 안 지났다면 어떻게 될까요? 취득가액이 6억이 아니라 1억이 됩니다. 즉 진수 씨가 직접 판 것과 동일한 효과가 되도록 취득가액을 진수 씨가 취득한 1억으로 하여 양도차익을 높여서 계산한다는 말입니다. 양도소득세의 납세의무자는 양도한 부인이고 취득가액만 진수 씨의 취득가액으로 하는 것입니다. 이것을 양도세 이월과세라고 합니다. 배우자에게 증여 후, 배우자가 5년 이내 양도를 하면 본인이 양도하는 것과 동일하게 보고 배우자상속공제의 혜택을 없애는 것입니다.

지금까지 설명한 이월과세의 세금효과를 표로 비교해보겠습니다.
① 먼저 배우자에게 증여 후 5년 이내 양도했을 때를 가정해

서 계산해보겠습니다. 양도세 계산 시 3년 이상 보유에 대한 공제인 장기보유특별공제는 고려하지 않았습니다.

(단위: 원)

구 분	증여세	구 분	양도세
증여재산가액	600,000,000	양도가액	900,000,000
증여재산공제	600,000,000	취득가액	600,000,000
과세표준	-	양도소득기본공제	2,500,000
세율		양도소득과세표준	297,500,000
산출세액	-	산출세액	93,650,000
증여세와 양도세 산출세액 합산			93,650,000

② 진수 씨가 직접 양도했다고 했을 때 양도세액은 다음과 같습니다. 진수 씨가 10년간 보유한 후 양도한 것이므로 장기보유특별공제 30%를 적용하였습니다.

(단위: 원)

구 분	양도세
양도가액	900,000,000
(-)취득가액	100,000,000
(=)양도차익	800,000,000
(-)장기보유특별공제	240,000,000
(=)양도소득금액	560,000,000
(-)양도소득기본공제	2,500,000
(=)양도소득과세표준	557,500,000
산출세액	198,750,000

진수 씨가 보유하다가 그대로 양도하였다면 ②에 나와 있는 것처럼 1.98억이 산출세액으로 나오지만 진수가 생각한 묘안대

로 하면 세액이 1억이 채 나오지 않으므로 1억 가량의 절세효과를 봅니다. 단 배우자가 증여받은 후 증여일로부터 5년 지난 시점에 양도했을 때 절세효과가 있습니다. 5년이 지나지 않았다면 ②에서 계산한대로 1.98억을 내야 합니다. 그래서 이 방법으로 절세효과를 보려면 증여 후 5년 이후에 양도해야 된다는 것을 꼭 기억하셔야 합니다.

이와 같은 양도세 이월과세는 배우자 또는 직계존비속에게 양도했을 때 적용합니다. 그러면 진수 씨가 이 토지를 배우자나 직계존비속이 아닌 동생에게 증여하고, 동생이 양도한다면 어떻게 될까요? 이때는 동생이니 6억 증여공제를 받지 못하고 기타 인적공제 1천만 원만 공제되어 증여세 과세가액도 커집니다. 이 경우는 증여세액도 상당할 테니 증여 후 양도할 때가, 진수 씨가 직접 양도할 때보다 세액이 줄어드는 경우만 가능한 방법이겠지요. 만약에 이런 거래로 세금이 줄어들었다면 이번에는 진수 씨가 직접 양도한 것으로 합니다. 납세의무자도 진수 씨가 되는 것이고 진수 씨의 동생이 납부했던 증여세는 취소되어 동생에게 환급됩니다. 이것은 증여 후 양도 행위의 부인이라고 합니다.

이 방법도 세금 비교를 해보겠습니다.

① 먼저 동생에게 증여 후 5년 이내 양도했을 때를 가정해서 계산해보겠습니다. 양도세 계산 시 3년 이상 보유에 대한 공제인

장기보유특별공제는 고려하지 않았습니다.

(단위: 원)

구 분	증여세	구 분	양도세
증여재산가액	600,000,000	양도가액	900,000,000
증여재산공제	10,000,000	취득가액	600,000,000
과세표준	590,000,000	양도소득기본공제	2,500,000
세율		양도소득과세표준	297,500,000
산출세액	117,000,000	산출세액	93,650,000
증여세와 양도세 산출세액 합산			210,650,000

② 진수 씨가 직접 양도했다고 했을 때 양도세액은 다음과 같습니다. 진수 씨가 10년간 보유한 후 양도한 것이므로 장기보유특별공제 30%를 적용하였습니다.

(단위: 원)

구 분	양도세
양도가액	900,000,000
취득가액	100,000,000
양도차익	800,000,000
장기보유특별공제	240,000,000
양도소득금액	560,000,000
양도소득기본공제	2,500,000
양도소득과세표준	557,500,000
산출세액	198,750,000

동생에게 증여 후 양도를 하면 증여세와 양도세 합산 금액이 2.1억 나오고 진수 씨가 직접 양도시에는 1.99억이 나옵니다. 오히려 증여세와 양도세 합산 금액이 더 커지니 진수 씨가 직접 양

도하는 것이 절세 측면에서 더 낫습니다. 그러나 특수관계자에게 증여 후 양도하는 ①의 경우가 ②에 비해서 더 세금이 낮은 경우도 생깁니다. 이렇게 비교를 해서 둘 중 높은 세액이 나오도록 세금이 부과됩니다. 이런 구조이니 증여를 하고 5년 이내 양도하는 것은 절세 측면에서 의미가 없습니다.

양도세 이월과세와 증여 후 양도 행위의 부인을 표로 정리해 보겠습니다.

구 분	양도세 이월과세	증여 후 양도 행위의 부인
증여자와 수증자의 관계	배우자와 직계존비속에 한함	특수관계인
적용대상 자산	토지, 건물, 또는 특정시설물이용권에 한함	제한 없음 (모든 양도소득세 자산)
양도일까지의 기간	증여일로부터 5년 이내 양도	증여일로부터 5년 이내 양도
양도소득세 납세의무자	증여받아 양도한 배우자 또는 직계존비속	당초 증여자
취득가액 계산	증여자의 취득가액	증여자의 취득가액
보유기간	증여자의 취득일부터 양도일까지	증여자의 취득일부터 양도일까지
기납부증여세의 처리	양도차익 계산시 필요경비로 산입	부과를 취소하고 수증자에게 환급

10억 증여, 현금이 유리할까, 상가 사서 주는 게 유리할까?

_자산별 평가기준 차이에 따른 절세전략과 부담부증여

미정 씨는 옷 가게를 운영하면서 돈을 제법 많이 모았다. 아들 하나를 두고 있는데 바빠서 잘 챙겨주지 못한 것이 늘 마음에 걸렸다. 막 대학을 졸업한 아들은 음악을 한다고 하는데 돈이나 제대로 벌 수 있을지 걱정이다. 그래서 미정 씨는 그동안 벌어놓은 돈 중 10억을 아들에게 증여해주고 싶다. 10억에 대한 증여세가 꽤 나올 것 같고, 현금으로 줄지, 상가를 사서 줄지도 고민이다. 어떻게 주는 것이 세금도 덜 내고 아들에게 안정적인 수입원도 되게 할 수 있을까?

미정 씨와 같은 고민은 여윳돈이 있는 부모들에게서 자주 볼 수 있습니다. 일단 자녀들에게 얼마를 줄지부터 고민합니다. 많이 주면 그것만 믿고 노력을 하지 않을 것 같고, 또 현금으로 주면 흥청망청 다 써버릴 것 같아 걱정도 됩니다. 미정 씨의 경우에는 현금으로 증여를 하고 그 돈으로 목 좋은 곳에 10억짜리 상가를 사게 해서 수입원을 만들어주기로 했습니다. 지금 임대시세로 봤을 때 연 5천만 원은 임대료로 나오니 혼자 생활하기에는 충분할 것 같습니다.

그런데 지인인 김 회계사가 조언을 합니다.

"현금 10억을 받고 아들이 증여세 내고 나면 10억짜리 상가 못삽니다."

미정 씨는 생각합니다.

'증여세 내가 내주면 되지. 무슨 걱정.'

증여세 내고 나면 10억 상가 못 산다는 김 회계사의 말이 무슨 의미인지 보겠습니다.

일단 10억 현금 증여했을 때 세금이 얼마나 나올까요?

과거 10년 동안 미정 씨가 아들에게 다른 증여가 없었다고 하고 기한 내 신고를 가정하였습니다.

(단위: 원)

구 분	10억 현금 증여
증여재산가액	1,000,000,000
(-)증여재산공제	50,000,000
(=)과세표준	950,000,000
(×)세율	30%

(=)산출세액	225,000,000
(-)신고세액공제(3%)	6,750,000
(=)납부세액	218,250,000

2억 2천만 원 가량 납부세액이 나옵니다. 10억을 증여했는데 세금이 2억 2천만 원이니 결코 작은 금액이 아닙니다. 세금 내고 나니 8억도 안 남아서 김회계사 말대로 상가건물은 못 사겠네요. 그런데 미정 씨 생각대로 증여세를 미정 씨가 내어준다면 어떻게 될까요? 증여세는 증여받은 사람이 내는 것이라고 하였습니다. 증여세까지 미정 씨가 내준다면 이것도 증여입니다. 2억 2천만 원을 증여해주니 여기에 대한 증여세 산출세액도 3천4백만 원이 계산됩니다. 열 받은 미정 씨가 그 3천 4백만 원도 내준다면요? 증여세를 또 내야겠지요. 이번엔 3백 4십만 원 나오네요. 또 증여세를 미정 씨가 내면? 또… 또… 원칙대로 하면 증여세 과세 최저한인 과세표준이 50만 원 미만이 될 때까지 증여세를 계속 내야 됩니다. 이런 일을 방지하기 위해서 소득이 없는 자녀에게 증여할 때는 증여세 낼 돈을 더해서 증여하시는 게 좋습니다. 이 경우에는 14억을 증여하면 세금이 3억 7천만 원 나오고 세금 내고 나면 10억 3천만 원 정도 남게 됩니다. 남은 3천여 만 원으로 뭘 할까요? 상가 취득세 내야지요.

이렇게 현금 증여를 하니 세금 폭탄을 맞는 느낌입니다. 그래서 김 회계사가 조언을 해줍니다. 상가를 미정 씨가 취득해서 아들에게 상가를 증여하라고 합니다. 현금 10억을 증여하나 10억 상가를 증여하나 똑같은 것 아닌가 하는 의문이 생깁니다.

부동산 중 토지, 상가, 단독주택 등은 시가를 산정하기가 어렵습니다. 아파트나 주거형 오피스텔의 경우에는 같은 동, 같은 평형의 매매사례가액을 시가로 하지만 토지, 상가, 단독주택 등은 매매사례가액을 적용하기가 어렵기 때문입니다. 그래서 보충적 평가액인 국세청 고시가격(기준시가)을 적용합니다. 기준시가는 일반적으로 시가보다 낮습니다. 상가 10억의 기준시가가 7억이라고 한다면 7억을 평가액으로 적용합니다. 그런데 여기서 주의할 사항이 있습니다. 미정 씨가 상가를 매입해서 바로 증여를 한다면 증여할 때 시가가 생깁니다. 상속세와 증여세의 재산평가를 할 때 상속은 상속개시일 전후 6개월, 증여는 증여일 전후 3개월의 거래가액이 있으면 이것이 시가가 된다고 하였습니다. 상가를 10억에 매입해서 3개월이 지나지 않은 시점에 증여를 한다면 10억이 시가가 되는 겁니다. 현금으로 10억 증여하는 것과 달라진 게 없습니다. 그래서 최소 3개월이 지난 시점, 안심하기 위해서는 2년이 지난 시점에 증여를 해야합니다. 그러면 이 경우에 증여세가 얼마가 나오는지 보겠습니다.

(단위: 원)

구 분	10억 상가 증여	10억 현금 증여
증여재산가액(기준시가)	700,000,000	1,000,000,000
(-)증여재산공제	50,000,000	50,000,000
(=)과세표준	650,000,000	950,000,000
(×)세율	30%	30%
(=)산출세액	135,000,000	225,000,000
(-)신고세액공제(3%)	4,050,000	6.750,000

| (=)납부세액 | 130,950,000 | 218,250,000 |
| 절세액 | 87,300,000 | |

10억을 증여할 때 10억짜리 상가를 사서 증여해주는 것이 현금으로 증여하는 것에 비해서 무려 8천7백여 만 원이 절세가 됩니다. 그런데 이 방법에는 단점이 있습니다. 취득세를 두 번 내는 것이지요. 취득세(부가되는 세금 합계)는 취득 당시의 가액을 과세표준 하여 증여 부분은 4%, 양도에 해당하는 부분은 4.6%의 세금을 납부하게 됩니다. 하지만 취득세를 한 번 더 내는 것을 고려해도 5천만 원 정도 절세되니 이 방법이 훨씬 유리합니다.

세금을 더 아낄 수는 없을까요? 증여하는 금액은 그대로 10억입니다. 이번에는 20억짜리 꼬마빌딩을 사줍니다. 증여할 금액이 20억이므로 10억 보증금을 낀 채 미정 씨가 일단 구입합니다. 그리고 이번에도 구입하고 최소 3개월이 지난 후에 증여를 해줍니다. 기준시가는 앞선 10억 상가와 동일하게 시세의 70%라고 해보겠습니다. 14억이 증여재산의 평가액이 됩니다. 그런데 보증금은 채무이므로 10억은 차감합니다. 14억에서 10억을 차감한 4억이 증여재산가액이 되겠네요. 세금을 계산하면 다음과 같습니다.

(단위: 원)

구 분	20억 상가 부담부증여	10억 상가 증여
증여재산가액(기준시가)	400,000,000	700,000,000
(-)증여재산공제	50,000,000	50,000,000

(=)과세표준	350,000,000	650,000,000
(×)세율	20%	30%
(=)산출세액	60,000,000	135,000,000
(-)신고세액공제(3%)	1,800,000	4,050,000
(=)납부세액	58,200,000	130,950,000
절세액	72,750,000	

이렇게 채무를 끼고 증여하는 것을 '부담부증여'라고 합니다. 10억을 증여할 때 부담부증여를 이용해서 20억 상가를 증여하니 10억 상가를 채무 없이 증여하는 것보다 7천2백여 만 원 절세가 됩니다. 현금을 증여하는 것보다 상가 증여를 하는 것이 그 금액만큼 절세가 되고, 채무를 끼고 더 큰 건물을 증여하니 절세효과도 더 커집니다.

(단위: 원)

구 분	납부세액	절세액(현금 증여 대비)
10억 현금 증여	218,250,000	
10억 상가 증여	130,950,000	87,300,000
20억 상가 부담부증여	58,200,000	160,050,000

부담부증여를 할 때 주의할 점은 채무만큼은 양도로 보는 것입니다. 즉 채무(보증금) 10억을 낀 건물을 양도할 때 채무만큼은 양도로 보고 미정 씨에게 양도소득세가 과세됩니다. 실제로 부담부증여를 계획하고 있다면 이 양도소득세까지 고려해서 판단하여야 합니다.

구 분	양도세
양도가액	1,000,000,000
(-)취득가액	714,285,714
(=)양도차익	285,714,286
(-)장기보유특별공제	-
(=)양도소득금액	285,714,286
(-)양도소득기본공제	2,500,000
(=)양도소득과세표준	283,214,286
(×)세율	50%
(=)산출세액	141,607,143

이때 미정 씨는 아들에게 증여시점 기준시가 14억의 건물을, 증여(4억)와 양도(10억)의 두 가지 형태로 이전해주는 겁니다. 미정씨가 아들에게 건물을 이전할 때 채무(보증금) 이전액인 10억이 양도가액이 됩니다. 차감할 취득가액은 미정 씨의 매입가액인 10억이 아니라, 아들에게 14억의 기준시가로 증여하므로 10억(본래 취득가액) × 10억(채무이전액)/14억(기준시가) = 714,285,714원이 됩니다. 미정 씨가 상가 취득 3개월 후 1년 미만 시점에서 증여했을 때를 가정해서 양도소득세를 계산했습니다.

구분	10억 현금 증여	10억 상가 증여	20억 부담부증여
증여세	218,250,000	-	58,200,000
양도세	-	130,950,000	141,607,143
합계	218,250,000	130,950,000	199,807,143

세 가지 경우를 같이 비교해보았습니다. 10억을 현금으로 증여할 때보다 10억 상가를 사서 상가를 증여할 때 세금이 낮아지는 것을 확인했습니다. 취득세를 고려하지 않았을 때 절세액이 87,300,000원이었습니다. 미정 씨가 취득할 때와 아들에게 증여할 때 두 번 내게 되는 취득세액을 고려해도 5천만 원 절세가 됩니다.

미정 씨가 증여할 10억 금액의 상가를 주는 것과, 10억 채무(보증금)를 끼고 건물을 키워 증여해주는 것을 비교하면 미정 씨가 부담할 양도소득세 때문에 세금 측면에서는 20억 꼬마빌딩을 부담부증여하는 것이 유리하다고 볼 수 없습니다. 하지만 10억으로 10억 상가를 사주는 것보다 수익성은 훨씬 좋을 것입니다. 같은 금액을 증여하더라도 채무를 낀 부담부증여 형태로 레버리지 효과를 일으켜 더 큰 자산을 물려줄 수 있는 것입니다.

하지만 실제 양도가액(채무이전액), 취득가액, 증여시기, 추후 건물시세와 임대료 수익률의 변화 등 여러 가지 변수가 있으므로 부담부증여는 사전에 면밀한 검토를 하고 실행하여야 합니다.

부담부증여의 또 다른 예로서 다주택자가 시가 10억, 전세가 5억의 아파트를 자녀에게 증여한다고 할 때 전세를 인수하는 조건으로 하면, 증여는 10억이 아니라 5억을 증여하는 것이 됩니다.

(단위: 원)

구 분	10억 부담부증여	10억 증여
증여재산가액	1,000,000,000	1,000,000,000
(-)채무	500,000,000	-
(-)증여재산공제	50,000,000	50,000,000

(=)과세표준	450,000,000	950,000,000
(×)세율	20%	30%
(=)산출세액	80,000,000	225,000,000
(-)신고세액공제(3%)	2,400,000	6,750,000
(=)납부세액	77,600,000	218,250,000

이와 같이 10억에 5억의 전세를 낀 부담부증여를 하면 10억을 증여할 때보다 1억 4천여 만 원의 세금 부담을 줄일 수 있습니다.

요즘 들어 부담부증여가 많이 이루어지고 있는데요, 부담부증여는 예시처럼 임대보증금(전세금)이나 담보대출금 같은 증여하려는 부동산과 연관된 채무를 증여받는 사람이 인수하는 조건으로 증여하는 것입니다. 나중에 상환해야 할 채무인 임대보증금(대출)이 있는 상태로 자산을 증여하는 것으로 채무는 증여재산에서 차감되어 증여재산가액이 줄어드는 것이라 보면 됩니다. 증여재산가액이 줄어드니 당연히 증여세도 낮아지는 것이지요.

부담부증여와 관련하여 주의할 사항은 다음과 같습니다.

첫째, 부담부증여를 할 때 관련된 채무에 대해서는 증여자가 양도세를 부담합니다.
증여를 받은 사람(수증자)은 증여세 신고를, 증여를 한 사람(증여자)은 양도세 신고를 하여야 합니다. 증여세와 양도세 모두 고려하여 부담부증여를 할지 순수 증여를 할지 결정을 하시기 바랍니다. 또, 증여세는 증여일이 속하는 달의 말일로부터 3개월 이내, 양도세 신고는 양도일이 속하는 달의 2개월 이내 신고해야 합니다. 5월 1일 날 증여를 하였다면 수증자는 그 해 8월 31일까지 증여세 신고를, 증여자는 7월 31일까지 양도세 신고를 하여야 합니다. 양도세 신고를 아예 하지 않거나 증여세와 같은 기간으로 혼돈하여 증여세 신고할 때 같이 하는 경우가 있는데 이 경우 양도세 무신고 가산세와 납부불성실 가산세를 내게 됩니다. 단, 비과세되는 1세대 1주택을 부담부증여 형태로 증여할 때에는 양도세를 부담하지 않습니다.

둘째, 증여하려는 부동산과 채무가 관련이 있어야 합니다.

부담부증여를 할 때에 증여재산에서 차감하는 채무액은 증여재산을 담보로 한 채무와 임차인에 대한 임대보증금만 인정됩니다. 증여자의 채무가 아닌 다른 사람의 담보로 제공된 채무는 공제되지 않습니다.

셋째, 인수받은 채무는 증여받은 사람이 상환하여야 합니다.

부담부증여를 하면 앞서 설명한 대로 채무가 차감되므로 증여재산이 줄어들어 증여세가 낮아집니다. 그걸 이용해서 일단 부담부증여 형태로 증여하고 증여자가 수증자의 채무에 대한 이자를 지급하고 원금을 상환하는 경우가 있습니다. 이때 증여세가 다시 부과될 수 있습니다. 그래서 미성년자 등 소득이 없는 자녀에게 부담부증여를 할 때에는 상가와 같은 수익형 부동산을 부담부증여해야 합니다. 은행 대출금일 경우 수증자가 증여 시점 당장의 수익이 없을 때 채무 이전이 안 되는 경우도 있습니다. 채무 이전이 증여자에서 수증자로 명의 이전이 안 되어 있더라도 대출금에 대한 이자를 수증자가 지급하고 상환도 수증자의 자금으로 상환한 사실을 입증하면 됩니다.

넷째, 부담부증여는 전문가의 도움을 받고 진행해야 합니다.

부담부증여를 할 때 고려사항으로 대출 규모에 따라 증여세와 양도세가 달라지고 이자 부담도 달라지니 사전에 여러 대안에 대한 비교를 하여 가장 적절한 대출 규모를 찾아야 하기 때문입니다.

아버지 저 창업 할래요.
창업자금 지원 좀 해주세요

_창업자금 과세특례제도

현수 씨는 제법 이름이 있는 코스닥 상장기업에 취업을 하였다. 경영전략팀에 근무하는데 아침 일찍 출근해서 퇴근시간까지 상사들한테 시달린다. IR 자료 만드는 데 도와달라는 김 대리, 사업타당성 분석 자료 만들라고 하는 박 과장, 회계감사 준비해야 되니 회계법인의 요청 자료 준비하라는 유 차장. 정신 없이 한 주가 흘러간다. 쉬고 싶은데 이사 진급을 앞두고 있는 박 부장이 부서회식을 하자고 한다. 자유롭게 참석하라지만 말단 직원인 현수 씨가 자유로울 수가 있겠는가. 회식자리는 새벽 두 시까지 이어진다. 그러면서 헤어지는데 박 부장이 얘기한다.

"늦게까지 회식했는데 내일은 더 일찍 출근해서 우리 경영전략팀이 회사에 얼마나 충성하는지 보여주자고.”

현수 씨는 제대로 쉬지도 못하고 일찍 출근한다. 박부장의 일장연설이 이어진다.

“내가 이 자리까지 오른 이유가 나 개인보다 회사를 위하는 마음으로 열심히 해서 그런 거야. 자네들도 열심히 해서 내 자리까지 올라와야지?”

의기양양 박 부장한테 현수 씨는 그날 바로 사직서를 제출했다.

‘난 회사보다 나를 위하고 싶다고. 내가 하고 싶은 일을 하자. 창업 한 번 해보는 거야.’

요즘 현수 씨 같은 생각을 하는 젊은이들이 많이 있습니다. 직장 분위기가 이전보다는 개인 시간을 많이 보장해준다고 하지만 갑자기 모든 것이 바뀌긴 어렵습니다. 그래서 조그마한 규모라도 자기 사업을 하면서 개인적인 시간도 가지고 싶어합니다. ‘나도 창업을 해볼까’, 누구나 한번 쯤 해보는 생각입니다.

오랜 기간 아버지가 사업을 하는 것을 봐온 터라 현수 씨도 사업에 대한 두려움은 없습니다. 현수 씨의 아버지도 고생하는 아들이 안쓰러워서 창업하는 데 지원을 해주기로 했습니다. 5억 정도는 창업자금으로 줄 수 있습니다. 세무 업무를 맡기고 있던 김 회계사한테 전화를 합니다.

“창업자금으로 아들한테 5억 증여해주려는데 세금이 얼마나 나와요?”

5억에 대한 증여세를 구해보겠습니다. 일단 증여는 상여에 비해서 공제금액이 크지 않습니다.

구분	증여공제액
배우자	6억 원
직계존비속	성년 5천만 원, 미성년자 2천만 원
기타 친족	1천만 원

상속공제는 일괄공제와 배우자상속공제만 해도 10억이 공제되지만, 증여는 위에 표에 나와 있는 것처럼 공제금액이 작아서 10억 이하의 증여라면 상속세보다 훨씬 큰 금액의 세금이 나옵니다.

먼저 5억을 현금으로 증여해주면 증여세가 얼마나 나오는지 보겠습니다.

(단위: 원)

구분	5억 현금 증여
증여재산가액(기준시가)	500,000,000
(-)증여재산공제	50,000,000
(=)과세표준	450,000,000
(×)세율	20%
(=)산출세액	80,000,000
(-)신고세액공제(3%)	2,400,000
(=)납부세액	77,600,000

창업을 위해 5억 증여받았더니 7천7백만 원이나 세금을 내게 되었네요. 세금 내고 나면 막상 손에 쥐는 금액은 4억 2천만 원

정도입니다. 취업이 힘들어서 고민인 사람들이 많은데 창업자금에 대해서는 세금 혜택이 있어야 할 것 같습니다. 창업한 곳에서 일자리 창출도 될 테니까요. 이런 취지로 시행되고 있는 제도 중에 세금 혜택을 주는 것이 창업자금 증여세 과세특례제도입니다.

창업자금 증여세 과세특례제도란 60세 이상의 부모가 18세 이상의 거주자인 자녀에게 중소기업을 창업하기 위한 자금을 증여할 때 지원하는 제도입니다. 5억까지는 비과세이고 30억을 한도로 10%의 단일세율을 적용합니다. 창업자금 증여세 과세특례제도를 적용받아서 30억을 지원한다면 5억은 공제가 되어 비과세이고 5억을 초과한 25억에 대해서 10% 세율을 적용하여 2억 5천만 원을 납부(특례를 적용받은 경우 신고세액공제는 없음)하는 것이지요. 30억을 그냥 증여한다면 증여세가 10억에 가까우나 창업자금 과세특례제도를 이용하면 절세 혜택이 엄청납니다.

(단위: 원)

구 분	30억 일반 증여	30억 창업자금 증여
증여재산가액	3,000,000,000	3,000,000,000
(-)증여재산공제	50,000,000	500,000,000
(=)과세표준	2,950,000,000	2,500,000,000
(×)세율	40%	10%
(=)산출세액	1,020,000,000	250,000,000
(-)신고세액공제(3%)	30,600,000	-
(=)납부세액	989,400,000	250,000,000
절세액		739,400,000

30억 일반 증여와 창업자금 증여세 과세특례를 비교해보니

절세액이 무려 7억이 넘습니다.

5억 이내에서 창업자금으로 증여한다면 세금 한 푼 내지 않겠지요. 물론 이런 엄청난 혜택이 있다 보니 조건도 까다롭습니다.

증여하는 창업자금은 부동산이나 주식의 형태로 증여하면 안 됩니다. 반드시 예금의 형태로 증여하여야 합니다. 30억까지 증여세 과세특례대상이므로 30억 한도 내에서는 여러 차례 증여할 수 있습니다. 한도는 증여자가 아니라 수증자 각각에 적용되어 자녀 여러 명에게도 증여할 수 있습니다.

창업자금 증여세 과세특례제도의 '창업'이란 중소기업 형태의 창업을 말합니다. 중소기업이라고 해서 법인만 의미하는 것은 아니고 개인사업자도 가능합니다. 커피숍 창업붐이 일어나서 이런 저런 이름의 커피숍이 건물에 하나씩 있다시피 합니다. 이렇게 커피숍이나 음식점도 이 제도의 혜택을 받습니다. 단, 부동산 임대업, 유흥주점업 등 몇 가지 업종은 제외됩니다. 부모가 증여해준 돈으로 상가를 매입해서 부동산임대업으로 창업해도 창업자금 증여세 과세특례는 적용받지 못합니다.

그리고 창업이 아닌 기존 개인사업자를 법인 전환하거나 기존 사업을 폐업한 후 다시 동일 업종으로 개업하는 경우는 이 제도의 적용을 받는 창업으로 보지 않습니다. 남이 운영하던 음식점이나 커피숍을 인수받아서 그 업종 그대로 오픈하는 것도 창업으로 보지 않습니다.

이 제도는 청년층의 창업을 장려하고자 도입되었으므로 엄격한 사후관리 요건이 있습니다. 사후관리 요건을 충족하지 못하면 증여세를 일반세율로 적용하여 다시 추징합니다. 주요 추징 사유를 보면 다음과 같습니다.

- 증여받은 날부터 1년 이내에 창업을 하지 않는 경우
- 증여받은 날로부터 3년 이내에 해당 목적에 사용하지 않는 경우
- 창업 후 10년 이내에 폐업하거나 휴업한 경우

창업 후 3년 이내에 폐업하는 경우가 50%라고 하는데 10년 이내에 폐업하거나 휴업한 경우 추징한다니 참 엄격합니다. 그래서 부채가 자산보다 많아 사업 유지가 힘들어서 폐업하는 경우, 사업 전환을 위하여 1회에 한하여 2년 이내의 기간 동안 휴업이나 폐업은 가능하도록 예외 규정을 두고 있습니다.

그런데 주의할 점은 이것도 사전증여재산에 해당하는데, 상속인에게 사전증여한 재산은 상속개시일로부터 과거 10년 이내 분만 합산하지만 창업자금은 기간 제한 없이 합산한다는 점입니다. 상속세 계산할 때 창업증여로 증여한 재산은 그 금액 그대로 합산하니까 큰 의미가 없어 보이지만 증여 후 상속 개시시점까지 수십 년이 걸릴 수도 있으니 기간의 혜택을 보는 것과 그 금액을 씨앗으로 해서 자녀가 더 큰 재산을 일굴 수도 있다는 장점이 있습니다. 10억을 창업증여자금으로 증여해서 아들이 20년

후에 100억 재산을 일구었더라도 상속세 계산할 때 합산되는 금액은 증여 당시 금액인 10억입니다. 그리고 창업자금의 증여는 일반증여와 합산되지 않습니다. 창업자금으로 10억, 일반자금으로 10억을 증여했다면 합산하지 않고 각각 세액을 계산합니다.

(단위: 원)

구분	10억 일반 증여	10억 창업자금 증여
증여재산가액	1,000,000,000	1,000,000,000
(-)증여재산공제	50,000,000	500,000,000
(=)과세표준	950,000,000	500,000,000
(×)세율	30%	10%
(=)산출세액	225,000,000	50,000,000
(-)신고세액공제(3%)	6,750,000	-
(=)납부세액	218,250,000	50,000,000

같은 10억을 증여해도 일반증여와 창업자금증여의 차이는 큽니다. 요건이 까다로우니 잘 검토해서 과세특례 혜택을 적용받고 일반증여에 대해서는 일반신고세율로 따로 신고, 납부하면 됩니다.

창업자금 증여세 과세특례제도의 내용을 표로 요약하면 다음과 같습니다.

구분	요건
증여자	만 60세 이상의 부모
수증자	만 18세 이상 거주자인 자녀
증여재산 범위	토지, 건물, 주식 등 양도소득세 과세대상 자산을 제외한 재산, 주로 현금예금

해당 업종	조세특례제한법상 중소기업으로서 부동산임대업, 유흥주점업 등은 제외
신청기한	증여세 신고기한(증여한 날이 속하는 달의 말일부터 3개월 이내) 까지 특례신청을 하여야 함

가업승계에 대한 상속공제와 증여세 과세특례제도는 부모의 가업을 계속 영위하는 경우에만 적용되는 혜택이지만 창업자금에 대한 증여세 과세특례제도는 가업승계와 상관없이 자녀가 새로운 기업을 창업할 때 혜택을 부여합니다. 청년들의 창업을 세제상 지원함으로써 일자리 창출 등 국가경제에 도움을 주고자 하는 제도입니다. 5억에 대한 비과세, 5억을 초과한 30억까지는 10%의 세율 적용은 큰 혜택입니다. 자녀에게 창업자금 증여를 계획하고 있다면 이 혜택을 적용받을 수 있도록 면밀한 준비를 하시기 바랍니다.

아들아!
이제 내 사업 이어 받아야지

_가업승계 증여세 과세특례 제도

사장이 김 과장을 사장실로 호출한다.

"김 과장 자네는 참 유능해. 보고서도 깔끔히 잘 써서 올리고 프로젝트 핵심을 파악하는 능력이 탁월하지. 박 부장보다 자네가 훨씬 업무능력이 뛰어나니 내년에 부장 달고 내후년에 이사 달고 3년 후부터는 회사를 직접 운영해보는 게 어떤가?"

김 과장이 대답한다.

"네~ 아빠?"

상황을 조금 코믹하게 그려봤지만 자녀에게 가업을 승계시키는 것은 우리나라에서 일반적인 일입니다. 큰 회사든 작은 회사든 회사를 운영하는 사장은 누구나 자식에게 사업을 물려주고 싶어합니다. 평생의 땀이 배어 있는 회사를 자식이 이어받아 잘 운영해주면 좋은 일이겠지요.

가업승계란 창업주가 경영하는 회사의 지분과 경영권을 후계자에게 이전하여 2세대 이상에 걸쳐서 회사가 유지되는 것을 말합니다. 회사의 미래에 큰 영향을 미칠 중차대한 문제인 만큼 고려할 사항도 많고 쉽지 않은 일이지요. 몇 가지 주요한 사항들을 정리해보면 다음과 같습니다.

가업승계 사전 검토	세무상 이슈 검토
사업 지속 여부 판단과 후계자의 결정	사전증여시 증여세 과세특례제도 검토
타주주 등 이해 관계자들과의 의견 조율	사후 상속시 가업상속공제 검토
가업승계의 사전 준비와 가업승계 시기 결정	증여세 및 상속세 세금납부재원 마련

가업승계를 위해서는 가업승계 지속여부 결정과 기타 발생할 수 있는 여러 문제를 사전 검토하여야 합니다. 세무상 이슈도 중요한 문제입니다. 사전 준비 없이 무리한 진행을 할 경우 회사가 위태로워질 수도 있습니다. 사업이 계속 성장할지 검토가 필요하고 가업을 승계하기로 결정이 된다면 가업승계를 위한 사전준비를 하고 후계자가 아닌 타주주에 대한 보상도 잘 이루어져야 할 것입니다.

세무상 이슈는 회사의 주식을 자식에게 이전할 때 거액의 세금이 발생하는 데 있습니다. 다른 재산이 많지 않다면 주식을 팔아서 상속세 또는 증여세를 내야 되니 지분율이 줄어들어 회사가 남에게 넘어갈 수도 있습니다. 그래서 정부도 가업과 관련해서 세제혜택을 주면서 이런 일을 방지하려고 하고 있습니다. 상속시 적용하는 가업상속공제와 생전 증여를 하는 가업승계에 대한 증여세 과세특례제도가 그것입니다.

상속시 가업상속공제를 적용하면 상속시 최대 5백억까지 상속재산에서 공제됩니다. 엄청난 금액이지요. 가업상속공제는 관련 법이 자주 바뀌고 있어 혜택이 확대가 될지 축소될지 지켜봐야 되는 상황입니다.

상속할 때 가업을 한꺼번에 승계시키기보다는 살아 있을 때 물려주기 시작하는 사업가들이 많습니다. 이때에는 증여세 적용을 받습니다. 가업승계에 대한 가업상속공제는 부모인 경영자가 사망한 후 자녀가 가업을 물려받는 경우에만 적용하므로 부모가 생전에 가업을 승계시키고자 할 경우에는 혜택을 볼 수 없었습니다. 이를 보완하기 위한 것이 가업승계에 대한 증여세 과세특례제도입니다.

일정 요건을 충족하고 가업을 증여한다면 5억까지는 증여재산에서 공제해서 세금이 없고, 5억 초과 30억까지는 10%, 30억 초과 100억까지는 20% 세율을 적용합니다.

과세표준	세율
5억 이하	-

5억 초과 30억 이하	5억 초과액의 10%
30억 초과 100억 이하	25억 + 30억 초과액의 20%

가업승계에 대한 증여세 과세특례제도도 창업자금 증여세 과세특례제도 마찬가지로 60세 이상의 부모가 18세 이상의 거주자인 자녀에게 가업의 승계를 목적으로 주식 또는 출자지분을 증여하는 경우에 위의 세율로 특례 적용하는 것입니다.

30억을 가업승계에 대한 과세특례로 증여할 때 세액이 어떻게 나오는지 보겠습니다.

(단위: 원)

구 분	30억 일반 증여	30억 가업승계 과세특례증여
증여재산가액	3,000,000,000	3,000,000,000
(-)증여재산공제	50,000,000	500,000,000
(=)과세표준	2,950,000,000	2,500,000,000
(×)세율	40%	10%
(=)산출세액	1,020,000,000	250,000,000
(-)신고세액공제(3%)	30,600,000	-
(=)납부세액	989,400,000	250,000,000
절세액		739,400,000

30억을 가업승계 과세특례로 증여하면 앞서 본 창업자금 증여와 세액이 같습니다. 일반 증여와 비교했을 때 절세액도 같고요. 창업자금 증여와 차이점은 가업인 회사의 주식 또는 출자지분을 증여해야 한다는 것입니다.

위의 김 과장의 경우에 사장인 아버지로부터 그 회사의 주식을 증여받으면 주식평가액 100억까지는 과세특례 적용을 받습니다. 이것도 창업자금 과세특례 증여와 마찬가지로 상속시점에, 가업승계에 대한 증여세 과세특례제도의 혜택으로 증여한 금액을 기간 제한 없이 합산해서 상속세 계산을 하게 됩니다. 또한 증여시점의 평가액으로 합산하므로 상속 시점에 회사의 가치가 증가하였다고 해도 기업가치 증가 전 금액으로 합산을 하게 되어 상속세 절세가 됩니다. 큰 혜택이 있으니 까다로운 요건도 따르겠지요. 다음 요건을 지키지 않으면 증여세를 추징합니다.

- 수증자가 증여일로부터 5년 이내에 대표이사로 취임하지 않거나 취임 후 7년까지 대표이사를 유지하지 않는 경우
- 증여일로부터 7년 동안 업종을 변경하거나 1년 이상 휴업 또는 폐업한 경우
- 증여일로부터 7년 동안 증여받은 주식(출자지분)의 처분으로 지분율이 줄어든 경우

가업승계에 대한 증여세 과세특례제도의 내용을 표로 요약하면 다음과 같습니다.

구분	요건
증여자	10년 이상 가업을 계속한 60세 이상의 부모
수증자	만 18세 이상인 거주자인 자녀
증여재산 범위	법인기업의 주식 또는 출자지분 = 주식 등 가액 × (1 - 법인의 총자산 중 사업무관자산비율)
해당 업종	조세특례제한법상 열거업종(부동산임대업 제외)
신청기한	증여세 신고기한(증여한 날이 속하는 달의 말일부터 3개월 이내) 까지 특례신청을 하여야 함

부동산임대업은 이 경우에도 혜택을 받지 못합니다. 가업상속
공제와 가업승계에 대한 과세특례는 법 개정이 자주되므로 전문
가의 조언을 받고 면밀한 검토 후 진행해야 합니다.

Chapter 04

상속
·증여
플랜

상속
준비 A to Z

상속을 미리 준비해야 되는 이유로 가족들 간의 다툼 없는 상속과 상속세 절세, 두 가지를 들 수 있습니다. 하지만 우리나라 60대 이상 중 상속 계획을 수립해놓은 사람은 30% 정도밖에 안 된다고 합니다. 평생 열심히 벌어서 자녀들에게 재산 물려주는 것이 삶의 목표라고 해도 과언이 아닌 나라에서 정작 상속에 대한 준비는 소홀합니다. 미리 하는 상속이라고 할 수 있는 사전증여를 하는 사람도 많지가 않습니다.

"재산 다 주고 나면 우리 부부한테 소홀해질 것 같아서 선뜻 못 주겠어."
"첫째에게 사업자금 주면 둘째도 달라고 할 텐데 골치 아퍼."

"애들이랑 내 재산 얘길 어떻게 해? 나 죽으면 알아서들 하겠지."

사람들의 생각이 이렇다 보니 상속과 증여를 미리 준비하기가 어렵습니다. 증여를 했다가 다른 가족들의 반대로 취소하는 경우도 있습니다. 가족들과 소통 없이 부모가 일방적으로 결정하게 되면 불화로 이어지기가 쉽습니다. 그리고 상속이라고 하면 물질적인 것만 생각하지 부모의 철학과 가치관 등은 고려하지 않아 충돌이 발생하는 일도 많습니다. 결코 허물어져서는 안 되는 가족이라는 울타리 안에서 가족의 행복과 함께 재산의 상속이 이루어지도록 해야 합니다.

상속증여는 상속재산의 규모, 가족구성원의 수, 가족들 사이의 관계, 경제적 상황, 삶의 가치관 등 여러 가지 변수에 의하여 다양한 플랜이 나올 수가 있습니다. 이처럼 절세 측면보다 다른 중요한 사항들이 많습니다. 급하게 돈이 필요한 자녀에게 절세 전략으로 상속·증여 플랜을 다 짜놓았으니 계획에 없는 일은 할 수 없다며 외면할 수는 없겠지요. 또한 미워서 상속재산을 전혀 주고 싶지 않은 자녀도 있을 테고요. 그리고 전 재산을 사회에 환원하겠다는 사람도 있습니다.

상속준비 과정 중에서 가장 중요한 것이 유언장 작성입니다. 유언장에는 재산분배에 대한 내용 외에 가족들에게 하고 싶은 말, 자신의 생각 등을 남길 수 있습니다. 앞서 재산분배에 관해서는 유언이 없으면 상속재산을 협의 분할해야 한다고 하였는데, 모든 상속인들이 동의하는 협의점까지 가는 데는 상당한 시간이 걸립니다. 결국 협의가 안 되어 소송까지 가기도 합니다. 때문에 살아 있을 때 자녀들과 재산에 대한 충분한 상의를 한 후에 사전증여와 상속을 하여야 한다고 하였습니다. 이와 더불어 부모가 상속재산의 조정자 역할을 위해서 적절한 유언을 남기는 것이 필요합니다.

유언이란 유언하는 사람이 사망할 때에 효력을 발생시킬 목적으로 일정한 방식에 따라 행하는 상대방이 없는 단독행위를 말합니다.

"나 죽으면 아파트는 너희들 엄마 명의로 하고 상가는 첫째, 땅은 둘째가 가져."
"형제들 우애 있게 지내고 가족들이 행복하길 바란다."

이런 방식의 말을 우리는 유언이라고 생각합니다. 그러나 막상 죽음에 임박해서 저렇게 정리된 말을 남기기도 쉽지 않고, 한다고 해도 유언으로서의 법적 효력은 없습니다. 미리 법적 형식을 갖춘 유언을 남겨놓는 것이 상속재산을 둘러싼 상속인끼리의 분쟁을 막는 가장 효과적인 방법입니다.

유언의 방식은 민법에 다섯 가지로 규정하고 있는데, 바로 자필증서, 녹음, 공정증서, 비밀증서, 구수증서입니다.

자필증서

혼자서 작성하면 되니 가장 손쉽게 작성할 수 있는 유언증서입니다. 말 그대로 유언자가 직접 자필로 유언장을 작성하는 방식입니다. 다른 사람이 대필해서도 안 되고 타이핑해서 출력해서도 안 되며 자필로 쓴 것의 복사본도 안 됩니다. 유언의 내용을 쓰고 작성 연·월·일을 정확하게 기재하여야 합니다. "2019년 10월 어느 날." 이렇게만 남기면 유언으로 인정받지 못합니다. 그리고 주소와 성명을 쓰고 날인하여야 유언장으로서의 효력을 인정받습니다.

자필증서는 유언자의 입장에서 쉽게 쓸 수 있다는 장점이 있으나 내용이 불명확하거나 형식 요건이 갖추어지지 않아서 무효가 될 수도 있습니다. 이 유언으로 인해 상대적으로 손해를 본다고 생각하는 상속인이 유언장의 무효를 주장할 수도 있습니다. 위변조 위험이 있고 상속인들이 유언장 존재 여부를 모르는 경우도 있습니다.

녹음유언

유언자가 유언의 취지, 성명, 연월일을 본인의 육성으로 구술하고 참관한 증인 한 명이 유언자의 녹음이 맞는다는 확인과 증인 본인의 성명을 구술하고 녹음해서 남기는 것을 말합니다. 단, 상속인이 될 사람은 증인이 될 수 없습니다. 녹음기기의 분실 또는 녹음 내용 삭제의 위험이 있어 관리에 유의해야 합니다.

공증증서

공증증서 유언은 공증인의 면전에서 유언자가 유언의 내용을 말하고 공증인이 작성하여 공증사무소에서 보관하는 방식입니다. 증인 두 명 이상이 참여한 상태에서 유언자가 유언 취지를 말하면 공증인이 유언자가 구술한 내용을 받아 적습니다. 유언자와 증인이 공증인이 받아 적은 내용이 정확함을 승인한 후 각자 서명 또는 기명날인을 합니다.

공증인이 함께 참여하므로 상속개시 후 법원의 별도의 검인 절차 없이 유언으로 사용할 수 있습니다. 공증인이 참여해서 작성하고 공증인이 보관하므로 유언의 위변조, 분실의 위험이 없어 유언의 방식 중 가장 확실한 방법입니다.

비밀증서유언

비밀증서유언은 상속인들이 유언장의 존재는 알 수 있게 하되, 피상속인이 살아 있는 동안에는 그 내용을 비밀로 하고 싶은 경우에 사용하는 방식입니다.

작성을 위한 절차는 다음과 같습니다.

유언장 작성 → 봉투에 넣고 도장 찍기 → 두 명의 증인에게 봉투 확인받기 → 공증사무소 또는 법원 방문해서 확정일자 받기 생전에 유언을 비밀로 할 수 있지만 분실의 위험이 있습니다.

구수증서(받아쓰는 유언장)

구수증서 유언은 유언자가 몸이 아프거나 급박한 이유 등으로 위의 네 가지 방법을 사용하지 못할 때 할 수 있는 방법입니다. 두 명 이상의 증인에게 구술하고 유언자가 구술한 내용을 증인 중 한 명이 낭독하고 유언자와 증인들이 모두 유언의 내용이 정확하다는 것을 서명하고 날인을 찍습니다. 작성 후 7일 이내에 가정법원에 가서 검인신청 절차를 밟아야 합니다.

유언장은 위와 같은 다섯 가지 방식으로 적법하게 작성을 해야 하며 유언자가 사망하면 효력이 발생합니다. 여러 번 작성할 수 있으며 정정도 가능합니다. 유언장이 여러 개인 경우 가장 최근 날짜의 유언장을 인정합니다. 유언장은 상속인들의 분쟁의 소지를 줄일 수 있는 중요한 문서가 되므로 작성시 법률사무소에서 꼭 자문을 받아야 합니다.

유 언 장

유언자 본인 ○ ○ ○ 은 다음과 같은 유언을 한다.
이 유언 이전에 본인이 한 모든 유언은 철회를 한다.

성명: (인)

주소:

작성연월일: 년 월 일

가족관계:

(1) 배우자 ○ ○ ○ (생년월일)

(2) 장남 ○ ○ ○ (생년월일)

(3) 차남 ○ ○ ○ (생년월일)

사랑하는 이들에게

1. 배우자

2. 자녀들에게

3. 친구, 친지들에게

내가 떠난 후에 장례와 유산은 다음과 같이 하길 바란다.

1. 장례식(장례식 절차와 시신처리 방법)

(장례식 장소, 장지, 규모 등/ 매장, 화장, 납골, 수목장,

시신기증 등)

2. 사후 유산 처리문제(후계자 문제를 비롯해서 헌금, 기증, 분배 등을 기록)
(1) 본인은 배우자 ○○○에게 다음의 부동산을 유증한다.
수증자: 배우자 ○○○
부동산 내역:
(2) 본인은 장남 ○○○과 차남 ○○○에게 다음의 재산을 균등하게 유증한다.
수증자: 성명 ○○○, 성명 ○○○
자산내역: 정기예금 XX은행 계좌번호 등

유언장 작성 등을 통해 본인 상속할 내용을 정리하였다면 이제는 사후에 상속인들이 납부하게 될 상속세의 재원을 어떻게 마련하고 납부할지 세부적인 것들을 준비하여야 합니다. 상속 개시 전 준비절차에 해당하는 것들로 상속인이 될 가족들도 함께 고민해야 하는 부분입니다.

상속세 준비하기

1. 예상 상속재산 파악

▼

2. 상속재산 평가해보기

▼

3. 절세전략 수립

- 사전증여(10년 이상 장기계획)
- 상속재산 구성 설계(상속재산 평가액이 낮은 부동산 취득 고려. 금융 재산으로 상속세 납부재원 확보, 보험상품 가입)

▼

4. 상속재산 분할 설계

- 상속인별 상속배분액 결정
- 적절한 배우자 상속액으로 최적의 배우자상속공제받기
- 동거가족주택 상속공제
- 금융재산공제

▼

5. 상속세 납부계획

- 일시납, 분납, 연부연납, 물납

상속개시(피상속인 사망) 후 실제 이루어지는 상속절차에 대해 간단히 알아보면 다음과 같습니다.

상속개시 후 상속절차

```
┌─────────────────────────────────────────────┐
│ 상속개시일(피상속인의 사망)                    │
└─────────────────────────────────────────────┘
                    ▼
┌─────────────────────────────────────────────┐
│ 사망신고 및 상속재산 파악(안심상속 원스톱서비스) │
└─────────────────────────────────────────────┘
                    ▼
┌─────────────────────────────────────────────┐
│ 상속재산 분할협의(유언이 없을 시)              │
└─────────────────────────────────────────────┘
                    ▼
┌─────────────────────────────────────────────┐
│ 상속세 신고납부(피상속인의 주소지에 상속개시일이 속한 월의 말 │
│ 일부터 6개월 이내)                            │
└─────────────────────────────────────────────┘
                    ▼
┌─────────────────────────────────────────────┐
│ 부동산 등 상속등기                             │
└─────────────────────────────────────────────┘
                    ▼
┌─────────────────────────────────────────────┐
│ 세무조사                                      │
└─────────────────────────────────────────────┘
```

상속재산 규모별 상속 플랜

상속재산의 규모와 상속인들의 인적 구성이 가족마다 다르니 상속증여 플랜도 다를 수밖에 없습니다. 여기서는 재산 규모별로 절세 측면에서 가장 유리한 상속증여 플랜에 대해서 알아보겠습니다. 사전증여로 인한 분산과 배우자가 분배받을 상속액 설정 등 적합한 절세전략을 사례를 들어 살펴보겠습니다.

상속재산 규모를 다음 네 가지로 구분, 각 재산 범위에 해당하는 절세전략을 제시합니다.

1. 상속재산보다 상속부채가 많은 경우
2. 상속재산가액이 상속공제액보다 적은 경우
3. 상속재산이 대략 10억 이상 100억 이하인 경우

4. 상속재산가액이 100억을 넘는 경우

1. 상속재산보다 상속부채가 많은 경우

상속재산보다 상속부채가 많은 경우가 있습니다. 이럴 경우에는 굳이 상속을 받는 것보다 안 받는 것이 낫겠지요. 이 때는 상속포기나 한정승인을 법원에 신청하면 됩니다.

상속포기

상속포기란 상속받을 수 있는 재산상의 모든 권리와 의무를 포기하는 것을 말합니다. 법원에 상속포기 신청을 하고 승인이 되면 처음부터 상속인이 아닌 것이 됩니다. 그러나 세법상 상속인의 지위는 유지되어 상속재산을 계산할 때 합산되는 합산기한 내(상속인은 10년, 상속인 외의 사람은 5년) 사전증여재산을 받은 사람은 상속세 납세의무가 있습니다.

상속인이 혼자인 경우, 또는 동 순위의 공동상속인 전원이 상속포기를 한 경우에는 포기한 사람의 직계비속이 상속인이 됩니다. 예를 들어 할아버지가 빚만 남기고 사망했다면 외아들이 상속포기를 해도 손자에게 빚이 상속됩니다.

한정승인

한정승인은 상속으로 취득할 재산의 한도 내에서 피상속인의 채무와 유증을 변제할 것을 조건으로 상속인이 상속을 승인하는 것을 말합니다. 예를 들어 아파트 3억, 채무 5억이 상속재산이라면 취득할 재산인 아파트 3억으로 채무 5억 중 3억을 변제하고 2억에 대해서는 변제를 하지 않아도 됩니다. 또한 할아버지의 사망으로 인해 발생한 상속에 대해 외아들이 한정승인을 한다면 손자에게로 내려가지 않습니다. 상속포기는 포기한 사람 본인에게만 한정되므로 다른 공동상속인 또는 차순위 상속인에게 그 권리와 의무가 승계됩니다. 그래서 이럴 때 한정승인을 하게 되면 재산과 채무를 자신이 떠안고 더 이상 다음 순위의 상속인으로 승계가 되지 않게 할 수 있습니다.

상속포기는 상속재산에만 영향을 미칩니다. 상속인이 유족으로 받는 보험금, 손해배상금, 유족연금 등은 민법상 상속재산이 아니니 상속포기를 해도 보험금은 수령할 수 있습니다. 하지만 보험금은 민법상 상속재산은 아니지만 세법상으로는 상속재산이기 때문에 보험금액에 따라 상속세를 납부할 수 있습니다.

한정승인을 할 경우 주의할 사항은 양도소득세가 과세될 수 있다는 것입니다. 한정승인으로 아파트를 상속받아 전액 채무변제에 사용한 경우 상속인은 매각대금을 구경도 못하지만 아파트를 양도하고 채무를 상환했으므로 아파트 양도에 대한 양도소득세는 납부하여야 합니다.

상속포기를 하면 선순위의 상속인이 상속포기를 하여 차순위 상속인이 상속인이 되므로 형제자매나 사촌 등 생각지도 못한 사람들에게 채무가 승계될 수 있습니다. 그래서 상속인이 될 수 있는 4순위까지 모두 상속포기를 해야 하는 번거로움이 있으므로 이런 경우에는 한정승인을 받는 것이 유리합니다.

2. 상속재산가액이 상속공제액보다 적은 경우 – 상속재산 10억(배우자 없을 시 5억) 이내

피상속인의 배우자가 있을 때는 상속재산에서 대략 10억을 공제하고, 배우자가 없는 경우 5억이 공제된다고 하였습니다. 이 금액 부근에 상속재산이 있을 때는 상속개시일(피상속인의 사망일) 시점 상속공제금액 이하의 상속재산으로 맞춰 놓으면 세금을 내지 않습니다. 10억(또는 5억) 이하의 상속재산이 예상된다면 절세 측면에서 보면 사전증여를 해서는 안 됩니다.

피상속인의 재산이 상속세 과세대상이 아닐 때 주의해야 할 사항으로 (1)상속으로만 하면 세금납부를 하지 않아도 되는데 사전증여로 인해 세금을 내야 되는 경우, (2)상속세 납부대상은 아니지만 상속세 신고를 하는 것이 유리한 경우 두 가지가 있습니다.

> 현준 씨는 배우자와 자녀 둘이 있다. 7억 상속재산이 있고 사망하기 3년 전에 3억을 장남에게 증여세 신고 없이 증여하였다. 가족들은 현준 씨의 상속재산이 7억이고, 상속공제를 10억까지 받을 수 있기 때문에 세금이 없는 것으로 신고하였다. 상속세 신고 후 세무조사를 하다가 조사관은 3년 전에 현준 씨가 장남에게 3억을 증여한 것을 발

견하였다. 그리고 얼마 후 세무서에서 통지서가 날아왔다. 3년 전 증여한 3억에 대한 증여세 과세예고통지였다.

현준 씨와 같은 사례는 많이 있습니다. 자녀에게 증여를 하고도 증여세 신고를 하지 않아 상속세 신고시에 위반 사례가 발견되는 것입니다.

세무서에서 고지한 증여세와 상속세 계산 내역을 보면 다음과 같습니다.

3억에 대한 증여세

(단위: 원)

구 분	3억 증여시
증여재산	300,000,000
(-)증여공제	50,000,000
(=)과세표준	250,000,000
(×)세율	20%
(=)산출세액	40,000,000
(+)신고불성실가산세	8,000,000
(+)납부불성실가산세	1,460,000
자진납부세액	49,460,000

10억에 대한 상속세

(단위: 원)

구 분	상속시
상속재산	700,000,000
(+)사전증여재산	300,000,000
(=)상속세 과세가액	1,000,000,000
(-)상속공제	750,000,000
(=)과세표준	250,000,000

(×)세율	20%
(=)상속세 산출세액	40,000,000
(-)기납부 증여세액 공제	40,000,000
(+)신고불성실가산세	-
(+)납부불성실가산세	-
자진납부세액	-

3억 증여를 하고 증여신고까지 하지 않았으므로 증여세(가산세 포함)가 49,460,000원 나옵니다. 사전증여재산 때문에 상속공제 한도에 걸려 750,000,000원만 공제되지만 사전증여에 대한 증여세를 산출세액으로 공제하므로 여전히 10억의 상속재산으로는 상속세를 내지 않습니다. 10억의 상속재산일 때, 3억 증여를 미리 하지 않았다면 상속세가 계산되지 않는데, 증여를 함으로써 안 내도 될 낼 세금을 증여세로 49,460,000원 납부하게 되었습니다.

상속재산가액이 상속공제액보다 작은 경우에는 일반적으로는 상속세가 나오지 않습니다. 그러나 사전증여를 하였다면 증여할 때 증여세를 납부해야 되고 또한 상속공제한도가 줄어들기 때문에 사전증여재산에 대한 증여세보다 상속세가 높게 계산된다면 상속세가 부과될 수도 있습니다. 상속공제액보다 상속재산가액이 작은 경우라면 상속개시 전 10년 이내 증여는 피해야 합니다.

동훈 씨의 아버지는 시골에서 평생 농사를 짓다 얼마 전에 사망했다. 상속세 납부대상이 될 만큼 재산이 많지 않아 동훈 씨는 상속세 신고는 생각지도 않고 있다. 동훈 씨의 아버지는 시골 땅을 상속재산으로 남겼는데 공시지가로 5억이고 다른 재산은 없다. 동훈 씨도 그 땅을 시골에 남겨둘 이유가 없어 팔고 싶어했는데 1년 정도 시간이 흐른 후 동네에 사는 한 사람이 땅 팔 생각이 없는지 물어온다. 9억 정도 시세인데 그 가격에 살 의향이 있다고 한다. 동훈 씨는 서울에서 직장을 다니고 있고 어머니도 동훈 씨가 모시고 있어서 굳이 시골에 땅을 남겨둘 이유가 없다. '제의 온 그 가격에 그냥 팔까? 땅 팔 때 양도세가 나올 거 같은데 양도세 안 나오게 하는 방법은 없을까?' 동훈 씨의 고민은 커져만 간다.

동훈 씨의 경우에는 상속과 양도가 함께 걸려 있습니다. 상속재산이 상속공제 이하 금액이라 상속세는 나오지 않습니다. 그런데 곧 양도를 해야 되니 양도세가 걱정입니다. 이럴 때 방법이 있습니다. 상속세에서 상속재산의 평가는 시가로 하지만 토지는 시가가 없으니 일반적으로 개별공시지가로 합니다. 단, 상속개시일 전후 각각 6개월 동안 그 토지의 매매가액 또는 감정평가액이 있을 때에는 그것이 시가가 되고 상속재산의 평가액이 됩니다.

동훈 씨의 경우 상속이 개시된 시점부터 땅을 팔 의향이 있으니 감정평가를 받은 토지가액으로 상속세 신고를 합니다. 감정평가액도 9억으로 나온다면 9억이 상속재산 평가액이 되고 토지 양도시 취득가액이 됩니다.

상속재산이 10억 이하이므로 상속세도 내지 않고 양도가액 9
억, 취득가액 9억이 되어 양도소득세도 내지 않습니다.

이렇게 피상속인이 사망할 때에 배우자가 있으면 상속재산
10억까지, 배우자가 없으면 5억까지 공제되므로 감정평가를 받
은 금액을 상속재산으로 하여도 상속세를 납부하지 않을 경우
에는 감정평가를 받은 가액으로 상속세 신고를 하는 것이 유리
합니다. 상속받은 자산을 양도할 때에는 취득가액이 피상속인의
취득가액이 아닌 상속개시시점의 평가액이 되기 때문입니다.

상속세 신고시 땅은 개별공시지가로 신고하나 상속세는 산출
되지 않습니다.

(단위: 원)

구 분	개별공시지가로 상속세 신고	감정평가액으로 상속세 신고
상속재산	500,000,000	900,000,000
(-)상속공제	500,000,000	900,000,000
(=)과세표준	-	-
(×)세율	-	-
(=)상속세 산출세액	-	-
(-)신고세액공제	-	-
자진납부세액	-	-

만약 상속세를 신고하지 않았거나 토지를 개별공시지가로 평
가하여 신고하였다면 양도시 양도세액이 133,600,000원이 나옵
니다. 감정평가를 받아서 신고했더라면 세금을 내지 않아도 되
는데 말입니다.

구 분	개별공시지가로 상속세 신고	감정평가액으로 상속세 신고
양도가액	900,000,000	900,000,000
(-)취득가액	500,000,000	900,000,000
(=)양도차익	400,000,000	-
(-)장기보유특별공제	-	-
(=)양도소득금액	400,000,000	-
(-)양도소득기본공제	2,500,000	-
(=)양도소득과세표준	397,500,000	-
세율	40%	-
산출세액	133,600,000	-

상속재산이 상속공제 이하 금액이고, 상속재산이 토지나 단독주택, 상가 등으로 평가액이 국세청 고시가격으로 되어 시가보다 낮은 가액이 적용될 때는 향후 처분시의 양도세 절세를 위해서 감정평가액 등으로 신고해서 양도세 신고시 차감될 취득가액을 올려놓는 것이 유리합니다.

3. 상속재산이 대략 10억 이상 100억 이하(상속재산가액 중 배우자법정지분이 5억 초과 30억 이하인 경우)

상속재산이 상속공제를 초과하는 금액으로 예상될 때는 절세를 위해서 다음과 같은 방법들을 고려해볼 수 있습니다.

사전에 미리 증여하기

앞에서 여러 번 설명했지만 상속인에게 증여를 한 후 상속개시일이 10년이 지나게 되면 증여한 재산은 상속재산에 합산되지 않습니다. 10년 동안 성년 5천만 원, 미성년 2천만 원까지 공제되므로 자녀들의 가족(며느리, 손자)에게 분산하여 증여하고, 오랜 기간에 걸쳐서 증여한다면 세금을 전혀 안 낼 수도 있습니다. 자녀 부부와 성년이 된 손자 2인이 있다면 5천만 원씩 모두 2억까지는 세금이 없습니다. 30년에 걸쳐서 세 번 증여를 한다고 하면 모두 6억을 증여세 없이 증여할 수 있습니다. 이렇게 오랜 기간에 걸쳐 분산하거나 여러 사람에게 분산증여하면 상속개시 시점의 상속재산을 낮추어 세금을 전혀 내지 않아도 되거나, 세금이 나오더라도 증여한 재산은 상속재산에 합산되지 않아 절세를 할 수 있습니다.

상속재산이 50억 이상이 되어 과세표준이 30억 이상 나온다면 최고세율인 50%의 세율을 적용받으므로 증여세가 부담되더라도 증여세 과세표준이 상속세 계산시 적용받는 최고세율보다 낮은 세율을 적용받을 수 있도록 증여를 해서 분산하는 것이 좋습니다. 예를 들어서 상속세 과세표준이 최고세율 적용구간인 30억을 초과할 것으로 예상된다면 10억을 미리 증여하여 낮은 세율로 적용받는 것이 유리합니다. 물론 상속세 합산대상기간인 상속개시일 10년 이전의 증여여야 합니다.

구 분	세 액
상속세 최고세율 구간으로 10억이 상속재산에 합산될 때	10억 × 50% = 5억

사전증여(상속개시일 전 10년 이전 증여)	10억 증여세 산출세액 = 2억 2천5백만 원
절세액	사전증여 10억이 2억 7천5백만 원 절세

상속세와 증여세는 초과누진세율 구조여서 증여와 상속을 분산해서 최고세율을 낮게 적용받게 하는 것이 절세의 핵심입니다.

배우자상속공제

상속재산에 따라서 배우자 공제를 최대한 받으면 이 금액은 상속재산에서 공제되므로 절세가 됩니다.

배우자상속공제는 배우자가 상속받은 재산을 차감해주는데, 한도가 있습니다. 한도액은 상속재산에 배우자 법정지분율을 곱해서 구합니다. 이렇게 나온 배우자 법정상속액이 5억 이하일 때는 최소공제금액인 5억까지 공제를 해주고, 30억을 넘을 경우에는 최대한도인 30억까지 해줍니다.

상속재산이 20억일 때 배우자 법정상속 한도액을 구하면 다음과 같습니다.

(단위: 원)

구분	배우자 법정 지분율	배우자 법정 상속액	배우자상속공제액 한도
자녀 1인	3/5	1,200,000,000	1,200,000,000
자녀 2인	3/7	857,142,857	857,142,857
자녀 3인	3/9	666,666,667	666,666,667
자녀 4인	3/11	545,454,545	545,454,545
자녀 5인	3/13	461,538,462	500,000,000

상속재산이 20억, 자녀가 3인일 때 7억을 배우자가 상속받았다면 한도액인 666,666,667원이 배우자상속공제액이 됩니다. 배우자가 한도액 이하인 6억을 상속받았다면 6억이 공제가 되고, 최소공제액인 5억보다 적은 금액을 배우자가 상속받았다고 해도 5억은 공제해줍니다.

상속재산과 자녀 수에 따라 배우자공제를 받을 수 있는 법정 최대금액

(단위: 원)

상속재산→	10억	15억	20억	30억
자녀 1인	600,000,000	900,000,000	1,200,000,000	1,800,000,000
자녀 2인	428,571,429	642,857,143	857,142,857	1,285,714,286
자녀 3인	333,333,333	500,000,000	666,666,667	1,000,000,000
자녀 4인	272,727,273	409,090,909	545,454,545	818,181,818
자녀 5인	230,769,231	346,153,846	461,538,462	692,307,692
상속재산→	40억	50억	70억	100억
자녀 1인	2,400,000,000	3,000,000,000	4,200,000,000	6,000,000,000
자녀 2인	1,714,285,714	2,142,857,143	3,000,000,000	4,285,714,286
자녀 3인	1,333,333,333	1,666,666,667	2,333,333,333	3,333,333,333
자녀 4인	1,090,909,091	1,363,636,364	1,909,090,909	2,727,272,727
자녀 5인	923,076,923	1,153,846,154	1,615,384,615	2,307,692,308

배우자 법정상속분배율에 따라 계산하면 상기 표와 같이 계산되지만 최소금액과 최대금액이 있어 실제 배우자상속공제 가능액은 아래와 같습니다.

배우자상속공제 가능액(최소 5억, 최대 30억)

(단위: 원)

상속재산→	10억	15억	20억	30억
자녀 1인	600,000,000	900,000,000	1,200,000,000	1,800,000,000
자녀 2인	500,000,000	642,857,143	857,142,857	1,285,714,286
자녀 3인	500,000,000	500,000,000	666,666,667	1,000,000,000
자녀 4인	500,000,000	500,000,000	545,454,545	818,181,818
자녀 5인	500,000,000	500,000,000	500,000,000	692,307,692
상속재산→	40억	50억	70억	100억
자녀 1인	2,400,000,000	3,000,000,000	3,000,000,000	3,000,000,000
자녀 2인	1,714,285,714	2,142,857,143	3,000,000,000	3,000,000,000
자녀 3인	1,333,333,333	1,666,666,667	2,333,333,333	3,000,000,000
자녀 4인	1,090,909,091	1,363,636,364	1,909,090,909	2,727,272,727
자녀 5인	923,076,923	1,153,846,154	1,615,384,615	2,307,692,308

* 최소공제금액 5억: 배우자가 5억보다 적게 상속받아도 5억 원은 공제

** 최대공제금액 30억: 배우자가 30억 초과해서 상속받아도 30억까지만
공제

표를 보고 상속재산 규모와 자녀의 수에 따라 적절한 배우자
의 상속배분액을 구할 수 있습니다.

(단위: 원)

자녀 수/상속재산	절세측면 적절한 배우자 상속액
자녀 1인/ 10억	-
자녀 2인/ 15억	642,857,143
자녀 4인/ 20억	545,454,545
자녀 3인/100억	3,000,000,000
자녀 5인/ 70억	1,615,384,615

이와 같이 상속공제와 자녀 수에 따른 배우자상속공제 가능액을 보고 공제한도까지 배우자상속공제를 받는 것이 절세 측면에서 유리합니다. 그러나 나중에 상속받은 배우자가 사망할 때에 그 재산이 다시 자녀들에게 상속되므로 한도를 초과하여 배우자가 상속받은 금액은 절세효과가 없습니다. 오히려 배우자가 사망할 때 상속재산이 커지니 배우자상속배분액은 법정상속액까지, 30억을 초과할 경우에는 30억까지가 가장 절세에 유리한 금액입니다.

4. 상속재산가액이 100억을 넘는 경우

상속세 과세표준 30억까지는 순차적으로 10%, 20%, 30%, 40% 세율을 적용받지만 30억 초과금액에 대해서는 50% 세율을 적용하기 때문에 상속재산이 많으면 거의 절반을 상속세로 납부해야 합니다.

상속재산이 100억 이상인 경우 몇 가지 상속재산 금액에 대한 상속세를 계산해보면 다음과 같습니다.

(단위: 원)

상속재산	100억	300억	500억	1,000억
상속재산 (a)	10,000,000,000	30,000,000,000	50,000,000,000	100,000,000,000

(-) 상속 공제	3,700,000,000	3,700,000,000	3,700,000,000	3,700,000,000
(=) 과세 표준	6,300,000,000	26,300,000,000	46,300,000,000	96,300,000,000
(×) 세율	50%	50%	50%	50%
(=) 산출 세액	2,690,000,000	12,690,000,000	22,690,000,000	47,690,000,000
(-) 신고 세액 공제	80,700,000	380,700,000	680,700,000	1,430,700,000
자진 납부 세액 (b)	2,609,300,000	12,309,300,000	22,009,300,000	46,259,300,000
실질 세율 (b/a)	26.1%	41.0%	44.0%	46.3%

*장례비는 고려하지 않았습니다.

이와 같이 상속재산이 100억이 넘으면 배우자상속공제 최대 한도인 30억, 일괄공제 5억과 금융재산공제 2억(상속재산 중 금융 순재산이 10억 이상으로 가정)을 적용하여 상속공제 37억을 적용받 아도 초과누진세율 구조에서 높은 세율의 적용을 받아 실질 세 율이 높게 나옵니다. 배우자상속공제는 배우자가 아무리 많이 상속받아도 한도 30억에 걸려서 절세효과를 보기가 힘듭니다.

그래서 100억 이상 자산가의 상속세 절세플랜은 상속재산을 분산하는 것이 핵심입니다. 다시 말해 '여러 사람에게 여러 번' 증여하는 것입니다. 사전증여로 50%보다 낮은 세율을 적용받는 금액을 많게 하여 상속시 50% 세율을 적용받게 될 상속재산을 줄이는 방법입니다. 물론 이 방법은 증여일로부터 상속개시일까지 10년이 지나야 합산이 되지 않으므로 장기간에 걸쳐 증여계획을 세워야 합니다.

상속재산이 100억을 초과할 시 상속재산의 구성을 보면 부동산과 주식(가업 포함)이 많은 부분을 차지하고 있습니다. 부동산과 주식에 대한 각각의 절세전략은 다음과 같습니다.

자산이 대부분 부동산인 경우에는 아파트와 같이 시세와 상속세법상 평가액이 같은 자산보다는 토지, 단독주택, 상가건물 등 적용받는 평가액과 실제 시세와의 차이가 큰 부동산(국세청 고시가격 등을 적용함으로써 상속세 계산시 시세보다 재산평가액이 낮아짐)을 보유하는 것이 유리합니다.

주식을 소유하고 있고 그 회사의 향후 성장성이 클 것으로 예상된다면 미리 자녀들에게 주식을 증여해두는 것이 좋습니다. 예를 들어 주당 1만 원일 때 증여를 한 후 주가가 상속개시 시점에 10만 원이 되더라도 증여할 때의 주가인 주당 1만 원으로 해서 납부한 증여세로 주식 이전에 대한 세금 납부는 완료되기 때문입니다.

그리고 가업을 영위하고 있는 경우에는 가업상속공제에 해당이 되는지 여부와 자녀가 가업을 계속 이어나갈지를 검토하고 가업승계에 대한 증여세 과세특례제도와 가업상속공제를 활용합니다. 가업상속재산 최대 500억까지는 상속세가 과세되지 않습니다. 가업을 영위해 부를 일군 자산가들에게는 가업상속공제가 최고의 절세전략이라고 할 수 있습니다.

상속재산이 많으면 상속세도 많이 나올 수밖에 없습니다. 그래서 이때 절세전략만큼 중요한 것이 납부재원 마련입니다. 당장 현금화하기 어려운 부동산과 주식 등으로만 상속재산을 구성하지 말고 납부세액을 낼 수 있을 만큼의 금융재산을 확보하거나 납부재원 마련을 위한 보험 가입도 검토해야 합니다.

또한 상속세 신고를 할 때 전액 납부가 곤란하다면 연부연납을 신청하여 장기간에 걸쳐 납부할 수 있고, 상속재산으로 납부를 하는 물납도 고려해보기 바랍니다.

유산기부

상속재산을 자선단체 등에 기부하고 싶어하는 분들도 많습니다. 우리나라의 유산기부에 대한 인식조사에서 절반이 넘는 54.5%가 기부 의향이 있는 것으로 나왔습니다(윤영호 서울대교수 2018년 조사). 기부가 꼭 재산이 많아야 할 수 있는 것은 아니지만 상속재산이 100억 이상인 분들은 일부 상속재산에 대한 기부를 많이 고려합니다. 이렇게 유산기부를 하면 그 금액만큼은 과세대상에서 제외되지만 세법에서 인정하지 않는 단체에 기부를 한다면 상속인들이 유산은 받지 못하고 상속세만 내는 경우도 발생할 수 있습니다.

세법의 규정을 보면 상속재산의 일부를 공익법인 등에 출연하면 그 재산의 가액은 상속세를 과세하지 않습니다.

	총상속재산가액	본래의 상속재산과 보험 퇴직금 신탁재산, 추정상속재산
(-)	과세가액 불산입액	공익법인 출연재산, 공익신탁재산
(-)	비과세상속재산	국가에 유증한 재산, 금융임야, 묘토 등
(=)	상속세 과세가액	

총 상속재산가액에서 차감하는 항목으로 과세가액 불산입액과 비과세상속재산이 있습니다. 예를 들어 총 상속재산이 100억일 때 과세가액 불산입액이나 비과세 상속재산에 해당되는 곳에 10억 원 유산기부를 하면 90억 원이 상속세 과세가액이 됩니다. 즉 처음부터 90억을 상속받은 것으로 하고 상속세를 산출하는 것입니다. 상속재산이 최대세율 적용 구간이라면 기부하는 10억은 50%의 세율을 적용받을 것이므로 실제 상속인들의 부담 5억으로 10억의 기부효과가 발생합니다.

과세가액 불산입액과 비과세 상속재산 규정을 보면 다음과 같습니다.

과세가액 불산입액

상속재산 중 피상속인이나 상속인이 공익법인 등(종교, 자선, 학술 관련 사업 등 공익사업을 하는 자)에게 상속세 신고기한 이내에 출연한 재산의 가액은 상속세과세가액에 산입하지 않습니다. 또한 상속재산 중 피상속인 또는 상속인이 공익신탁(종교, 자선, 학술, 기타 공익을 목적으로 하는 신탁)을 통하여 공익법인 등에 출연하는 재산의 가액도 상속세 과세가액에 산입하지 않습니다.

대표적인 과세가액 불산입액으로 학교나 공익장학재단 또는 종교단체에 유증하는 것을 들 수 있습니다. 그 금액만큼은 상속 재산에서 차감하므로 상속세 과세가액에 포함되지 않습니다. 상속세 과세대상에서도 제외되고 남을 위한 일에도 쓸 수 있으니 뜻 깊은 일입니다. 그런데 상속세 회피 수단으로 사용될 수도 있어서, 정부에서는 공익법인이 부의 세습적 이전이나 조세 회피 수단으로 이용될 소지를 없애기 위해 철저히 사후관리를 하고 있습니다. 상속인이 출연한 공익법인 등의 이사 수 1/5를 초과하여 이사가 되거나 이사의 선임 등 공익법인 사업 운영에 관한 중요 사항을 결정할 권한을 가지고 있는 경우에는 출연한 재산에 대해서는 상속세가 과세됩니다.

공익법인의 범위(상증법 시행령 제12조)

1. 종교의 보급 기타 교화에 현저히 기여하는 사업
2. 「초·중등교육법」 및 「고등교육법」에 의한 학교, 「유아교육법」에 따른 유치원을 설립·경영하는 사업
3. 「사회복지사업법」의 규정에 의한 사회복지법인이 운영하는 사업
4. 「의료법」에 따른 의료법인이 운영하는 사업
5. 법정기부금에 해당하는 기부금을 받는 자가 해당 기부금으로 운영하는 사업
6. 지정기부금단체 등 및 기부금 대상 민간단체가 운영하는 고유목적사업. 다만, 회원의 친목 또는 이익을 증진시

키거나 영리를 목적으로 대가를 수수하는 등 공익성이 있다고 보기 어려운 고유목적사업은 제외한다.

7. 사회복지 문화·예술·교육·종교·자선·학술 등 공익목적으로 지출하는 기부금으로서 기획재정부장관이 지정하여 고시하는 기부금에 해당하는 기부금을 받는 자가 해당 기부금으로 운영하는 사업. 다만, 회원의 친목 또는 이익을 증진시키거나 영리를 목적으로 대가를 수수하는 등 공익성이 있다고 보기 어려운 고유목적사업은 제외한다.

상증법에 열거한 공익법인에 해당하는 단체에 출연해야 과세가액에 불산입됩니다. 피상속인이나 상속인이 직접 장학재단을 설립해서 상속재산을 출연하려고 하는데 공인재단법인 설립이 어려워 설립 초기 단계에서 포기하는 경우가 많습니다. 기존의 공익법인이 아닌 자신들의 공익법인을 설립하려면 철저한 사전준비가 필요합니다.

비과세 상속재산

다음에 해당하는 재산에 대해서도 상속세를 부과하지 않습니다.

1. 국가, 지방자치단체 또는 대통령령으로 정하는 공공단체(이하 '공공단체'라 한다)에 유증(사망으로 인하여 효력이 발생하는 증여를 포함하며, 이하 '유증 등'이라 한다)한 재산

2. 「문화재보호법」에 따른 국가지정문화재 및 시, 도 지정 문

화재와 같은 법에 따른 보호구역에 있는 토지로서 대통령령으로 정하는 토지

3. 「민법」 제1008조의 3(분묘 등의 승계)에 규정된 재산 중 대통령령으로 정하는 범위의 재산

4. 「정당법」에 따른 정당에 유증 등을 한 재산

5. 「근로복지기본법」에 따른 사내근로복지기금이나 그 밖에 이와 유사한 것으로서 대통령령으로 정하는 단체에 유증 등을 한 재산

6. 사회통념상 인정되는 이재구호금품, 치료비 및 그 밖에 이와 유사한 것으로서 대통령령으로 정하는 재산

7. 상속재산 중 상속인이 상속세 신고기한 이내에 국가, 지방자치단체 또는 공공단체에 증여한 재산

과세가액 불산입액과 비과세 상속재산에 해당하는 경우에는 상속재산에서 차감되므로 상속세를 전혀 내지 않게 됩니다. 빌 게이츠, 워렌 버핏 등 세계적 부호들도 재산의 상당 부분을 기부하고 있습니다. 수십 조 원에 이르는 재산을 자녀들에게 고스란히 상속하는 것보다 더 많은 사람들에게 소중하게 쓰여질 수 있도록 기부를 하는 것이지요. 우리나라에서도 점점 기부가 일상화되고 있는데 가족인 상속인에게 재산을 전액 물려주는 것보다 일부는 좋은 곳에 쓰여지게 하는 것도 좋은 상속 방법이 될 수 있습니다. 위에 열거한 공익법인 등에 상속으로 출연하는 방법으로는 유증과 사인증여가 있고 생전에는 기부금 형태로 증여도

가능합니다.

유증은 유언으로 아무런 대가를 받지 않고 자기의 재산상 이익을 타인에게 주는 것으로써 유언장에 "사후에 ○○기관에 XXX원을 준다"는 형식으로 작성하면 됩니다.

사인증여는 증여자의 사망으로 인해 효력이 생기는 증여계약을 말하는데 증여자는 생전에 수증자와 증여계약을 맺으며 사망시에 증여계약의 효력이 발생합니다.

사인증여와 유증 모두 재산출연자의 사망을 통해 그 재산이 무상으로 타인에게 이전되는 법률행위라는 점에서 공통점이 있습니다.

증여(생전)와 상속(사후)의 출연자와 출연받는 공익법인 등의 세무적 혜택을 요약하면 다음과 같습니다.

구분	출연자의 혜택	출연받는 자의 혜택
증여(생전 기부)	기부금으로 기부금 공제 대상	증여세 과세 안 됨
상속(유증 또는 사인증여)	상속세 과세가액 불산입 또는 비과세 상속재산으로 과세대상에서 제외	증여세 과세 안 됨

상속으로 공익법인 등에 유증 또는 사인증여를 하는 유산기부에 대해서 전 재산을 기부해야 되는 것으로 생각해서 부담스러워하는 사람들이 많습니다. 일부 재산에 대해 특정하여 유산기부를 할 수 있고 생전에 기부금 형태로 증여할 수도 있습니다.

유산기부는 부모와 자녀가 미리 상의하여 가족의 협의로 이루어져야 합니다. 부모가 일방적으로 외부에 유산기부를 한다면 상속인들의 유류분 반환청구 소송이 제기될 수도 있습니다. 출연할 단체, 출연 액수 등을 가족이 잘 상의하여 행복한 상속증여의 한 부분이 될 수 있기를 바랍니다.

●

에필로그

세무전문가로서 업무를 진행하면서 부모님이 남겨준 재산으로 인해 가족들이 다투는 모습을 많이 보게 됩니다. 저 또한 한 가족의 가장이자 구성원이기에 함께 괴로운 마음이 드는 한편, 미리 준비하였다면 즐겁고 행복한 공유가 되었을 것이고 절세도할 수 있었을 텐데 하는 실무자로서의 안타까움이 컸습니다. 피땀 흘려 모은 자산이 가족의 행복을 위해 쓰일 수 있도록 현실적이고 유용한 정보들을 제공하는 것, 그것이 이 책을 쓰게 된 가장 큰 동기입니다.

어렵게만 느껴지는 증여 상속, 우선 다음의 사항들을 기억해주십시오.

첫째, 상속세는 더 이상 부자들만의 세금이 아닙니다. 이제는집 한 채만 있어도 상속세 과세대상이 될 수 있으니 남의 일로만생각해서는 안 됩니다. 부모와 자녀 세대 모두 상속에 대한 기본적인 민법 지식과 세법을 알고 있어야 합니다.

둘째, 상속세 납부대상이 아니어도 상속세 신고는 꼭 하시길바랍니다. 상속재산 중 토지와 같이 보충적 평가액과 시가(감정평가액 등) 차이가 큰 자산의 경우, 감정평가를 해서 시가로 신고해두면 향후 그 자산을 양도할 때 양도세가 절세됩니다.

셋째, 상속시 배우자공제 등 상속공제를 잘 활용하여 최대한의 상속공제를 받아야 합니다. 기업 경영인의 경우 가업상속공제와 가업승계에 대한 증여세 과세특례제도를 활용하면 큰 절세효과를 볼 수 있습니다.

넷째, 증여 없이 상속으로만 재산을 물려주면 초과누진세율 구조 때문에 더 많은 세금을 부담할 수 있습니다. 시기를 분산하고 여러 명에게 나눠서 사전증여를 하면 절세가 됩니다.

다섯째, 재산을 그대로 넘겨주는 일반 증여보다 저가양도나 부담부증여 등을 활용하면 절세효과를 볼 수 있습니다.

여섯째, 증여와 상속을 부모가 일방적으로 하면 가족간 분쟁의 원인이 됩니다. 가족들의 협의를 거친 후 증여와 상속을 계획하시기 바랍니다. 변호사와 세무전문가의 도움을 받아 미리 플랜을 짜놓는 것이 좋습니다. 매년 개정되는 세법의 특성상 상속세와 증여세의 세부 내역들도 변동되는 경우가 많습니다. 금융자산 관리나 보험 설계의 경우처럼 최대한 빠른 시일에 시작하시되 주기적으로 전문가와 상의하여 더 나은 방향으로 조정해나가시길 추천 드립니다.

마지막으로, 상속재산분배는 '따뜻한 가슴'으로 가족간에 다툼이 없게 하고, 세금 전략은 '냉철한 머리'로 지혜롭게 절세하시길 바라며 이 글을 마칩니다.

행복한
증여
상속

초판 1쇄 인쇄   2019년 11월 20일
초판 1쇄 발행   2019년 11월 27일

지은이   김성철
발행인   윤호권

본부장   김경섭
책임편집   정은미
기획편집   정상미 · 송현경 · 정인경
디자인   정정은 · 김덕오
마케팅   윤주환 · 어윤지 · 이강희
제작   정웅래 · 김영훈

발행처   지식너머
출판등록   제2013-000128호
주소   서울특별시 서초구 사임당로 82 (우편번호 06641)
전화   편집 (02) 3487-1141, 영업 (02) 3471-8044

ISBN   978-89-527-4464-7 03320

지식너머는 ㈜시공사의 임프린트입니다.